大 学 问

始 于 问 而 终 于 明

雅理译丛

慢　　教　授

[加] 玛吉·伯格　[加] 芭芭拉·西伯　著

田雷　译

GUANGXI NORMAL UNIVERSITY PRESS

广西师范大学出版社

·桂林·

慢教授
MANJIAOSHOU

项目统筹：刘隆进
责任编辑：周廉承
助理编辑：王佳睿
技术编辑：伍先林
封面设计：周安迪

著作权合同登记号桂图登字：20-2020-155 号

图书在版编目（CIP）数据

慢教授 / （加）玛吉·伯格，（加）芭芭拉·西伯著；
田雷译. 一桂林：广西师范大学出版社，2021.1
（雅理译丛）
书名原文：The Slow Professor
ISBN 978-7-5598-3404-1

Ⅰ. ①慢… Ⅱ. ①玛…②芭…③田… Ⅲ. ①高等教
育－教学研究 Ⅳ. ①G642.0

中国版本图书馆 CIP 数据核字（2020）第 222809 号

广西师范大学出版社出版发行

（广西桂林市五里店路 9 号　邮政编码：541004）
（网址：http://www.bbtpress.com）
出版人：黄轩庄
全国新华书店经销
广西广大印务有限责任公司印刷
（桂林市临桂区秧塘工业园西城大道北侧广西师范大学出版社
集团有限公司创意产业园内　邮政编码：541199）
开本：880 mm × 1 092 mm　1/32
印张：6.5　　字数：100 千
2021 年 1 月第 1 版　　　2021 年 1 月第 1 次印刷
定价：79.00 元

前 言

斯蒂芬·科林尼

剑桥大学

写作这篇前言，花了我很长一段时间。不过话说回来，我也明白，写作这回事通常就是会占用大量的时间——写出来的东西如此之短，且只要落笔就难以令人满意，较之于写作的成果，过程更显得旷日持久。但问题在于，若是只盯着"结果"看，我们大概也就走入了误区，犯下一种很有代表性且发人深省的错误。写作，是一种复杂的活动，一路写下来，可能会发生相当多的状况，包括在写作中发现我们真实的思考。就以眼前这篇前言的写作为例，我自己做了些背景性的阅读，考虑了一篇前言之于一本书的功能所在，尤其是这本书已经面向读者做了很好的自我陈述，并且始终在反思教育模式在英美之间的差异，一种是"课堂讲授"（这是大学教育在北美所预设的形式），另一种则是讲座、研讨加上导修课（英国常见的主流模式）。与此同时，我每天都在煮制咖啡，脑补同本书两位作者的对话（迄今为止，我还没机会同她们会面），并且整理我自己的研究。我承认，一位训练有素的作者很可能懂得如何摒弃上述某些动作。虽然就所谓"训练"的某些方面而言，我历来深表怀疑，它们说到底就是自我惩罚，越陷越深之后，无休止的劳作反而会变为一种扭曲的心理满足。但我们仍可以说，上述或者其他相似的要素，构成了大多数作者写作经验的一部分；本书作者在书中给出了很多宝贵的建议，其中一条就是，学者作为一个行当，应当在彼此之间有更多交流，说一说我们究竟是如何安排我们的时间的，不回避在此过程中所遭遇的焦虑、迷失和失败，同时要少一些自我推销，不要把自己打扮成总能超额完成任务的写作机器，也就是大多数评价体制所意在奖励的那种学者。

x

之所以此类体制当道，初心在于刺激生产力，但真相却是，在当前的学术界，谈起真正的知识生产，主要障碍之一就是，大多数学者发表太多了。请注意，我并不是说他们**写得**太多了："写作，毋宁多一些，发表，不如少一点"，可谓一条宝贵的指令，鼓励我们在思考中更多地探索，只有在确信我们真有话要说，也值得一说时，我们才尝试发表。在人文学科（在这里做经验之谈，我无法代表其他学科），一般而言，我们是通过写作来思考的——或者不妨说，通过努力写出来，我们发现并不真切地知晓自己到底在想什么。同样，重-写，也主要不是打磨文辞，精益求精，而是要让思考变得更清晰一些，更准确一些。所有这些，都需要时间。

我们要付出时间，要花时间慢慢来，要找回我们的时间——《慢教授》这本书如及时雨，两位作者玛吉·伯格和芭芭拉·西伯在书中提出了上述建议。诚如她们所见，在当前的大学校园里，生活变得太过匆忙，人人事务缠身，不堪其扰，我们现在可以说，那些制造出这种浮夸忙碌而狂热的过程，目前已经威胁到大学机构自身存在的目的。我们花时间去申请做研究的项目资金，却没有时间真正做研究；我们花时间做汇报，论证某课程的效果符合指导意见的要求，却没有时间思考这门课下一年度应该怎么教；我们花时间在各种委员会内听取汇报，有多少项目申请获得成功，又有多少课程结果达到满意标准，却没有时间与同事交流，交换意见——以上所述，都是一个体制的种种症状，在这个体制内，手段压倒了目的，管理主义的指令主导一切，取代了原本它们要提供支持的学术活动。

当然，伯格和西伯并非故作惊人语，她们对大学时弊的诊断也不是独此一家，只要看看两位作者在书中大量引用的其他学者的论述，自然就可一目了然（在这里，我也许应该解释一下，我是应允写作这篇前言在先，后来才发现她们对我此前的同主题作品竟是如此推崇，毫不吝惜溢美之词）。但两位作者确有非同凡响之处，她们将关注点集中在个体教授的处境，以及如要同这一大学时弊作斗争，作为教授个体，又能做些什么。在书中，她们发出了学界的最强音，向 xi

我们展示出，一旦商业咨询的那套把戏被没头脑地强加给学界，就会掏空当前的学术，只余自说自话。这是一种令人厌倦的自我割据，其模式完美地复制了新自由主义的经纪人模型，即在一个竞争永不休止的场景内，无休止地追求个人优势的最大化。

然而，即便当代大学就其运转而言还够不上新兵训练营，里面装满了身姿柔韧的人士，只顾追求自我增值，一种紧张仍然存在，一方面是大学日常任务的要求，另一方面则是激励智识创新的条件。紧随着效率模式而来的，是我们非常熟悉的狭隘工具主义观。我们在真实抑或假象的任务清单上勾出待处理事项；我们做事井井有条，非常职业，速度之快令人印象深刻。推荐信、阅读书目的修订、下学期讲座的摘要、写给出版社的报告、内部备忘录，每一次点击"发送"按钮，都会提升我们的成就感。进而，我们还各有自己的用户任务，好像西西弗斯那样，每天挣扎着，处理我们电子邮件的收件箱——这个任务，可以说是一种苦乐交织的过程，如同擦洗自家厨房的地板，只不过它转到了电子空间。(披露一下：我的电邮收件箱里目前共有1762封待处理邮件，当然，这主要证明了我是一个优柔寡断且时断时续的文档整理者，并非我对回复漠不关心或说我是超级明星。) 但是，效率模式并未有助于催生新的或有意义的思考。新思想的出现，往往要经历那些在沉闷中无所作为的阶段，至少是从表面看上去的无所作为。这是一种略带抑郁的状态，它将自我求索和自由合作以某种方式结合起来，这种状态，更像是性苦闷，而不是清理自己的收件箱。伯格和西伯所呼吁的，是无所作为，或者说是看上去的不作为；她们所呼吁的，是将这种状态说给彼此听。这样的交流就构成了一种方法，将我们的资源集中起来，以学者群体之名，判定什么条件能促进良性的工作。

当然，两位作者也认识到，整个世界也同样在加速度，大学校园只是其中一环，在这个时代，无论何人，也无论何团体，都无法做到将他们自己封存起来，拒斥互联网、移动电话、24 小时滚动新闻、社交媒体，以及生存在所谓"数据迷雾"(data smog) 的状态——这种处境，也被称之为"自xii我诱发的注意力缺陷障碍"。但是，正如"放眼全球，立足本土"(think globally, act locally) 构成了一般意义上的行动主义良策，我们作为学界人士，也只能脚踏实地地做我们所能做的。但即便如此，如伯格和西伯所述，我们所能做的，也可谓相当之多。在她们所拟议的各项举措中，有许多是我称之为"双重意识"(double consciousness) 的例证，经历过往数十年之锻炼，学者已经习惯了在这种状态下生存。我们都知道，审计文化以及与之相关的管理主义总在制造许多的苛求，它们是错误的，而且破坏力十足，但我们同样也明白，面对这些要求，我们至少要表现出某种起码的服从。所以说，即便我们已经走通各种流程，懂得如何将我们的活动压缩进一系列的表格——追究表格的设计者，则是那些对学术活动没有真正理解的管理人员，我们也还是继续着一套不同的语言，坚持一种不同的判断价值的方法［作为这一方法的基础，就是要承认学术是要**被判断**（*judged*），而不是用作**统计的**（*measured*）］。而我们就是这么做的——按照伯格和西伯的建议，我们不仅要做，还要做得更自觉、更明确——一部分正是通过我们彼此之间以及师生之间的交流，在相互交谈之时，我们应承认智识探索本质上的开放性，积极扩展智识的视野，甚至要重视一个措辞优美的句子，趁着它还没有被官僚肢解为违反语法规则的关键词要点。

不限于此，她们所敦促的改变，更多地关乎气质和品格，而不是就事论事的程序。她们总在提醒我们，一定要从我们的工作中发现乐在其中——事实上，一定要记住，只有乐在其中时，我们才能做得更好。同时，她们还在规劝我们，少一些封闭和自我保护，多一些给予和付出，无论是我们的想法，还是我们的支持，当然也包括我们的时间。如要建立起真正的合作，而不是充满怨气地满足"公共服务"的职责，只为了让学术简历看起来更光鲜，所要付出的不只是我们的劳动，还需要精神的慷慨大度以及甘愿暴露出自我脆弱的勇气。她们合作的这本书，既可以担当起一份激进的宣言，又可以用作一本自助手册，同时还能作为一篇呼唤学者友谊的赞美诗。它始终在鼓励，而不是斥责，与此同时，这本书的存在本身也象征着对书中建议的身体力行。

自 2016 年春首版以来，《慢教授》一书收获了它的热情读者，自问世以来的各种评论，无论范围的广度，还是受肯定的程度，看起来都远超本书作者以及出版者的最初预期。在此也可想见，当读到"骄纵的学者正在不停抱怨，为了生存竟然不得不工作"时，无论是本书的观点，还是它所取得的成功，都必定让读者忍不住画线，激起一番嘲弄，但真要平心而论，伯格和西伯是在告诫我们要更用力地思考，在教学、学术和同事合作中，究竟什么才是真正可贵的，这种态度才代表着一种更艰苦的伦理，其所要求的，要远远超过由惯常职业指令所肯定的。（在这里，我应申明，我大概永远不会知道，这篇前言在刊出后是否也会遭遇类似的互联网嘲讽，因为我很久之前就已发现，不去看诸如此类的网上评论，可以说是一种最简便的方法，既可以节约时间，又能避免走向对人类这一物种的绝望。）

《慢教授》是一本引人入胜的小书，它可以任你读，但一定不要读得太快。也不要读完就了事：把这本书送给朋友，同别人讨论这本书，尝试着按照它的建议来做。时间，在你的掌控中……

2016 年 9 月

目 录

导　言

西方文明教育我们，展示忙碌能带来好处，给观者以深刻印象。

——博伊斯：《首要原则》

一个又一个时刻，当我们仓促行事时，我们就无法成为我们自己。

——雷蒂：《高产学者的七个秘密》

《慢教授》吸取了许多文体的资源。启发我们的，有论述高等教育公司化的文献，有记录压力或孤单是如何伤害生理和心理健康的经验研究，还有推崇工作和生活平衡的大众自助手册；当然，还包括"慢运动"中的关键文本。从上述各家各派中，作为作者我们受益良多，不过应当指出，虽然我们偷师了上述文体的某些特色，但这本书也是独一无二的，因为它将哲学的、政治的和实用层次的思考熔为一炉。《慢教授》这本书，较之于批评大学公司化的著作，它更加乐观；较之于自助指南，它更有政治自觉以及历史意识；较之于那些以压力和"慢运动"为题的论述，它更聚焦于学术界。迄今为止，将"慢原则"扩展适用至学界，《慢教授》可以说是第一本书。

我们俩都是文学批评家，写作这本书也促使我们走出了原先的舒适区。写作这样的书，我们必须要忘却从前专业学术训练的某些要求；但悖论却在于，这么做，才能让我们记忆起学术生活的某些关键面向。放眼当下，它们正处在危险中，正在变成往昔时代的遗迹。《慢教授》的观点，已得到许多领域内的经验研究的支持，从社会学到医学，再到信息科学以及劳工研究，与此同时，这本书也扎根于个体的经验。虽说我们不时担忧，这本书会不会显得过于个人化，但我们也逐渐发现，纳入学者的"证词"，对于我们的写作来说是至关重要的，而且与整本书的政治基调，也不可分割地关联在一起了。玛格达·路易斯曾发表论文，《不止映入眼帘的：高等教育公司文化的背面，并论一种新女性主义批判的可能》，她在文中提醒我们，个人故事构成了"一种根本的前提要件，由此出发，才可能发展出新的视野，理解关于大政治之话语和结构的运转"[1]。如是说，学者为什么要现身说法，其目的并不是透露出"个体的特征"，而是要"放大政治的语境，正是存在于其中，这些事件才得以可能……同时提供基础，由此开启一场集体对话，讨论当下学院内的社会、政治和智识生活"[2]。此外，《卫报高等教育网络》近期刊发了一篇文章指出，"虽然学者站出来讲述的故事日积月累，但学术界内的心理健康问题，并没有得到什么充分研究，扎实的硬数据在此领域内还很稀缺"。[3] 鉴于"硬数据"之"稀缺"这一现状，个体化的叙事就可以引导我们的思考、我们的行动，以及进一步的研究。马克·贝科夫曾对新兴的动物行为科学有如下评论："当个体故事以复数出现，就是数据"[4]。从他的洞见之中，我们可以获得启发。个人站出来诉说故事，不仅能够反映出我们的女性主义进路，以及这一题目的研究现状，还尝试着烛照出某些学术经验——那些我们相信虽然普遍，然而却未得到承认的经验。斯蒂芬·科林尼曾著有《大学何为?》，这是我们都很景仰的一本书，在此我们也效法该书，如科林尼所言，"引领读者去关注并承认某些问题，迄今为止，它们都遭到忽视、误解、低估或者压制"；追随科林尼，我们也相信，"承认之过程，总是有这么一部分经验，就是诉诸读者在某种意义上已经知道的东西"。[5] 这么说来，我们的个人故事，就构成了一种补充，一方面，同正在积累中的数据相辅相成，另一方 ^{xvii}面，也支撑着我们这本书贯彻始终的目的：在讨论大学公司化如何影响我们的职业习惯和福利时，应保持心态的开放，打开更大的探讨空间。

我们希望，这本书可以担当起一种干预。既然干预构成我们的目标，则本书会时常采用宣言体的形式写作。写到关键处，我们会自觉地提纲挈领，转用宏大的笔触，勾勒出在当代大学中运转着的种种力量。是它们让高等教育长期推崇的目标岌岌可危，同时又可以拿出一种抗争的模式。《慢教授》是一声呼吁，号召行动起来。初心在此，这本书就其本质而言是理想主义的。我们起草了一份《慢教授宣言》（附在导言之后），它所依据的，既有作者个体的反思，也包括持续不断的学术工作。在此基础上，这份宣言还树立了一种反向的身份，虽是对现实的提纯，但仍是我们可以主张的——而这种身份所对抗的，正是高等教育公司化的产品，亦即那种被围困、被管理、匆忙混乱、"压力山大"，以及意志消沉的教授。

　　作为作者，我们也做出慎重的选择，没有把这本书写成那种300页起跳的学术大部头，那种篇幅，我们的同事很可能忙得根本没时间读。我们的原则，就是要让《慢教授》这本书发挥作用，言之有物，可以为许多学科领域的同事所理解。虽然我们承认，大学内部存在着体制性的不平等，但"慢方法"的意义，很可能适用于学术职位的全部序列。我们这些人已经取得了终身教职，既然享受体制的保护，也就担当着一份职责，用我们自己的方式，为了包括我们在内的所有人，尝试着改变工作的环境。我们也已经关注到，对于大学教员来说，一代接着一代，任职门槛正在持续不断地越升越高——因此，这本书也是写给研究生的。

注　释

1. Lewis, Magda. "More Than Meets the Eye: The Under Side of the Corporate Culture of Higher Education and Possibilities for a New Feminist Critique."

Journal of Curriculum Theorizing 21. 1 (2005): 12.

2. Ibid. , 15.

3. Shaw, Claire, and Lucy Ward. "Dark Thoughts: Why Mental Illness Is on the Rise in Academia. " *Guardian Higher Education Network*. 6 Mar. 2014. Web. 21 Feb. 2015. <http: // www. theguardian. com / higher-educationnetwork /2014 /mar /06 /mental-health-academics-growing-problem-pressure-university>

4. Bekoff, Marc. "Wild Justice and Fair Play: Cooperation, Forgiveness, and Morality in Animals. " *Animal Studies Reader*. Ed. Linda Kalof and Amy Fitzgerald. Oxford: Berg, 2007. 76.

5. Collini, Stefan. *What Are Universities For?* London: Penguin, 2012. xiii.

慢教授宣言

　　我们是"慢教授"。我们相信，将"慢原则"引入我们的职业生活，乃是一种有效的方法，可以减缓工作压力，守护人文主义的教育，抵制大学公司化的脚步。"慢运动"——起源于慢进食——挑战着当代文化的疯狂节奏以及标准化。迄今为止，在建筑设计、城市生活以及人际关系中，"慢"作为原则已经得到推崇，但谈到教育，它目前尚且没有找到自己的门径。然而，如果说社会要培育深思熟虑，哪怕只有一个部门，它也应当是以学术为业的教师。大学的公司化已经破坏了学术生活，拨快了校园的时钟。行政主导的大学，现在将效率摆在了第一位，因此导致了时间紧迫，让我们所有人都感到时间不够用，发现了自己的无能为力。讨论教授职业的压力，并不是放纵我们自己；恰恰是对之闭口不谈，反而会正中公司化大学模式的下怀。

　　在公司化的大学里，权力，从教授转移到管理者手中，经济理由主导一切，熟悉的"底线"思维遮蔽了对教学和智识的关切。"慢教授"，提倡的是从容思考，而不是仓促地加速度。要思考，我们需要时间，我们的学生也同样需要。对于反思以及开放、不设限的探索来说，时间，并不是一种奢侈品，而是我们行动的必需。

危机话语主宰着当前关于大学公司化的文献，催促我们在为时已晚之前，马上行动起来。我们则更加乐观，相信抗争已经发生，且生机勃勃。在我们心中，"慢教授"总是有目标，有行动，培育着情感和智识上的坚韧。"慢教授"，要找到反思和对话的时间，以此为手段，他们要找回大学的智识生活。

引 言

在漫画中，大学教授有着一幅糊涂先生的形象，他们笑容可掬，手里有着大把时间。这种漫画对当下现实之扭曲，其程度丝毫不亚于将新闻记者描述为在软呢帽里别着记者徽章，曝光恶人恶行的勇士。

——波克林顿和塔珀[1]

追根溯源，本书发端于一段往日的电话交流，电话接通后，我们就开始讨论如何应对自己的学术工作。晚上10点45分，系主任发来一封电邮，等我们读到时，却到了次日清晨，这使本书的一位作者陷入阵阵愧疚，为自己工作不够努力而深感自责。（在未经事先知会的情况下）我们接到通知，要求在10日内评选出得奖的论文，这种状况在本书两位作者间引发了一场讨论——在什么时候说"不"，才是合适的。阅读卡尔·霍诺里（Carl Honore）的《为慢而歌》（*In Praise of Slowness*）也在改变我们，从前只是一种渴求，可以少一些侵扰，现在则上升为一种哲学的和政治的信念，应当转变我们对时间的感知。从霍诺里的笔下，我们可以读到，将"慢饮食"原则扩展至生活的其他领域，包括建筑、医药、性爱、工作、闲暇，以及育儿，可以带来种种好处。在《为慢而歌》的最后一章，他引用了哈里·刘易斯（Harry Lewis）院长写给哈佛大学本科生的公开信，即《慢下来：少做一些，在哈佛收获多一些》，但我们读完后还是意犹未尽，觉得没有读够。在电话里，我们总能想到种种减缓时间压力的策略，从不到中午不查邮件，到重新思考我们课程的内容范围究竟是指什么，每当此时，我们的对话就变得更愉快。终于有一天，本书的一位作者笑着说道："我们应该把这写下来。"另一位则在电话里回应道："我们*是应该*把这*些*写下来。"

2

我们互相扮演着彼此的心理医师，没有丝毫倦怠，也就是在这时候，我们偶然间发现了全加拿大有史以来第一份教授职业压力调查，其由加拿大大学教师协会（简称 CAUT）主持，时间是在 2007 年。调查结果——在统计学意义上很有代表性[2]——基于 1470 位参与者，他们来自加拿大全国的 56 所大学，结论也支持了此前在英国和澳大利亚所进行的研究。读过澳大利亚的研究，在得知学界的压力超过了整体人口的一般水平时，我们反而感觉到解脱。[3] 我们终于意识到，原来我们并不孤单。尤其令人感慨的，是压力对心理和身体健康存在着显著的影响："相当大比例的大学教师……经历着各种各样的身体（22.1%）和心理（23.5%）的健康症状，并且在过去一年中使用过减压相关的药物治疗

（21.8%）"[4]。虽然因性别、年龄、职位、聘用状态和语言不同，承受的压力也各有差异，但结论认为，压力水平整体而言可谓"非常之高"[5]。事实证明，我们并不是在体格上弱不禁风，或者不适合学者职业。阅读那项调查，如同打开了一扇窗户。我们转变了自己的思考，从前，我们问的是"我们究竟怎么回事？"而现在则是"这个学术体制到底怎么了？"

我们并不是在一夜之间完成上述转变的，学术训练作为一个过程，包括了信奉一种学者个体主义以及智识精益求精的文化；如若承认了斗争，就会损及我们的教授身份。学术界作为一个整体，总是谨慎含蓄的，不愿意宣扬它所承受的压力；如要谈论身体和情感，也同大学格格不入，这个机构推崇的是心灵和理性。进而言之，教授群体作为一个有闲阶级的形象已经深入人心，经年累月也就产生了一种防御性的文化，导向自责和过度工作。光是反驳社会大众对象牙塔的想象，就已经让我们忙得停不下来。进入杂货店，我们又一次哭笑不得，不得不再一次解释说："不，可不是这样，我们可不是每到夏天就有四个月不用工作"，想一想，这场面是不是似曾相识？身处学界之外，很多观察者想必会同意摩斯探长对教授生活的刻画："只要你被吸纳进大学的怀抱……那你就生活在保护中了，如同睡美人那样，在热气和美酒所构成的纯净氛围中。衰老，是闻所未闻的。"到底是这样吗？我们想得美！不理解我们学者到底在做什么的，并不只有外界人士。有闲教授的形象也会得到积极的宣传；根据"找工作"

（CareerCast）网站——在主流传媒中广为传播——做一名教授，在 2013 年被列为压力最小的职业，在 2014 年则在"最没压力"的榜单上排第四。如威廉·德雷谢维奇所言，现实却是："学术劳工已经变得同美国的劳动力大军并无二致：担惊受怕、难得消停、温顺听话、风光不再"，但是"慵懒学者的旧形象，如同福利女王，却是一个可以在政治上派上用场的神话"[6]。

在当前的全球化语境中——身处其中，大学要证明自身存在之正当性，所面临的挑战可谓前所未有——谈论教授群体的压力，似乎显得放任自流。事实上，有些同事已经给出建议，认为我们应当停止抱怨，还有一些同事，在谈及我们的写作时，报以勇气可嘉的赞叹。这些回应构成了反方，表达出了我们学者自己的内部对话。作为大学教师，我们享受着大多数劳动者所无法获得的特权：终身教职制度提供了工作保障；工作时间灵活有弹性，学术年度也有自身的节奏变更；有机会去思考、创造，并且将我们的热情传递给他人。我们之所以要做教授，是为了追求智识发现的乐趣，文学文本的优美，以及新观念所蕴含的洪荒之力。即便今天的大学已经深陷重围，这些理想仍是可以实现的——当然也要看到，临时聘用制越来越普遍，这使得这些理想对许多学术劳工而言已经可望而不可即。同时，即便是获得终身教职的权利也在不断打折扣。工作时间灵活有弹性，反过来也可以变成每时每刻都在工作，尤其是考虑到，学术工作究其本质而言是永无止境的。批改学生作业时，我们的回应总是还能再翔实些；阅读学术文献时，我们的涉猎总是可以再前沿些；而在著书立说时，我们的写作也总能更全面些。这些学者的自我期许原本就存在，当学术文化风气一变，新增的外部压力也在不断升级原有的期许。过去二十年间，我们学者的工作一直在变化，合同聘用的职位越来越多，课堂规模越来越大，技术获得了更多地运用，文书任务下放给教员群体，以及向管理主义的转轨——上述这些，都是大学公司化的组成部分。在戴维·洛奇最近出版的校园小说《失聪宣判》中，主人公曾碰到一名研究生，抱怨自己从来都见不到导师，于是他解释说："很可能，他就是没有足够的时间……他很可能是太忙了，忙着参加会议，忙着准备预算，忙着应对行政人员的评估，忙着做现如今教授必须要做的各种琐事，除了思考。"[7] 读洛奇的《失聪宣判》，体验不同于他早期的校园小说（1975 年的《换位》、1984 年的《小世界》，以及1988 年的《好工作》），那里的校园如同嘉年华一般欢乐，由此也提供了一种很有建设性的对比。艾达·埃德玛丽亚姆（Aida Edemariam）曾在《卫报》上发表文章，她的问题是，为什么校园讽刺小说自 20 世纪 80 年代起就走上了下坡路。"可能，它们都是写给一种理想校园的挽歌。"霍华德·雅各布森（Howard Jacobson）这么说。"现如今的校园已经是满目疮痍之地了。"他接着又补了一刀。在校园小说的全盛阶段，"你还能承担起荒诞剧"，A. S. 拜厄特解释说，因为大学在那时还算是生机勃勃，前景可期，然而"现在，大学总是担惊受怕，缩手缩脚，经费捉襟见肘，不断应付考核，官僚化过了头"[8]。

从我们个体的经验，到上述加拿大大学教师协会关于职业压力的调查发现，我们越多地反思其间的关联，就越能确信，教授个体的幸福会造成深远的影响。我们相信，我们把目光聚焦于教授，并不完全是为我们自己代言。众所周知，压力既会伤害个人，同时也会直接影响到社会。当"压力山大"时，我们的幸福、健康和社群受到什么伤害，这个问题已经有了广泛的研究，目前也得到了普遍的承认。处理个体教授的压力也有政治的和教育的意义，但这却是一个相对而言较为冷门的问题。我们这本书最初的名字是《慢校园》，但后来改为《慢教授》，就是为了强调在制度语境内的个体行动力。正如"慢饮食"运动将关注焦点放在小规模的生产者身上，与抵制大型的农业综合公司一样，我们也抵抗大学的公司化，并反对公司模式下对教授角色的抹杀。根据比尔·雷丁斯对"后历史"[9]大学的分析，所谓"后历史"大学，就是一种迅速变为"跨国官僚化公司"的机构，在这种大学里，位居"核心人物"的，是"行政人员，而不是教授"[10]。威廉·德雷谢维奇把这种现象称为"行政机构的增生肥大"[11]。同样，本杰明·金斯伯格，在《教授的衰退：行政化大学的兴起及其意味着什么》一书中也写道：

5

每一年，都有大量的行政以及文员进入大学，薪酬目录也因此越增越长，即便各学院总在呼吁要同预算危机做斗争，也因此迫使它们不得不削减全职教员的人数规模。这就导致，大学目前充斥着职能部门的大军——副校长、助理副校长、副校长助理、教务长、副教务长、代理教务长、助理教务长、各院院长、代理院长、院长助理，每一位职员和行政助理都有其权力——正是这些人，越来越彻底地指导着每个学校的运转。[12]

　　最令人过目不忘的，是金斯伯格对各大学发展战略方案的分析，它们可谓是千校一面，并没有去发掘本校独特的力量以及未来方向。金斯伯格于是得出结论，关键点"并不在于方案，而在于过程"[13]：一种"对大学领导权的夺取"[14]以及教授的权力相应在丧失。现在什么才算数，是过程外显的表象（appearance）。斯蒂芬·科林尼曾评论如下，"问责制的荒谬"就在于"这种信念，亦即，只要以得到批准的形式去上报一种活动，那么这个过程就提供了某种担保，表明某种有意义的工作得到了恰当的完成"。[15] 在《最后的教授们：公司化大学与人文学科的命运》一书中，正是这种头重脚轻的大学，让弗兰克·多诺霍写道，教授，若定义为"自治的、取得终身职的，能拿得出时间去做研究、写作以及教学的"[16]，那么这样的教授已经近乎"灭种"[17]。多诺霍还推测，用不了多久，我们都将成为"从业—教员"（practitioner-faculty）。这里借用了由"阿波罗"教育集团所"创造"的一个新词，这一集团是目前最大的一家营利性教育服务提供商。[18]

在关于大学公司化的研究中，一条共同的线索出人意料。这些研究都特别指出，改变，掌握在个体教授的手中。读起来，这似乎是一种努力，要在一个官僚扩权势不可当的系统内，让我们找回某些行动力的感觉。读詹妮弗·沃什伯恩的《大学有限责任公司》，一方面，她确实提出了诸项政策，意在"保障大学的自治"[19]，另一方面，她还写道，教授个人的"意愿"，"要确立并捍卫传统的学术价值"，至少也是同样重要的。[20] 而雷丁斯则显然是要避免提出政策变革的建议，原因何在，他在书中也有说明，这么做，只会进一步加剧大学的头重脚轻。所以他明确指出，他的评论都是写给教授，而不是行政人员的，适用于"教学的场景"（亦即该书某一章的标题），而不是教务长办公室。我们把关注点放个人身上，在当前的大气候中虽然显得"唯我独尊"，但在我们看来，个体的行动包含着一种抵抗的场域。

不仅如此，教授所承受的压力还会直接影响学生的学习。经验告诉我们，如果我们匆忙冲进教室，上气不接下气，心事重重，那么课堂氛围就不可能好起来；只有全身心投入，我们才能同课程材料和学生建立起关联。关于这一问题，硬性数据正在出现，证明了我们上述的经验。《教育心理学杂志》曾报道过一项 2008 年的研究，关于"教师的职业幸福感和教学品质"，研究者所得出的结论是，"既有高度的参与……同时又有能力在情绪上使自己从工作中抽离出来，并且学会面对失败（韧性），上述的组合，就对应着高水平的职业幸福感（低度的疲惫，高度的工作满足）和更好的教学表现，这紧接着就会转化为更优秀的学生成绩"。[21]换言之，教授的心态同学生的学习是绑在一起的，剪都剪不断。在当前的大气候中，学生群体的压力已经得到充分的认识和排解，而他们的老师却只能自我疗伤，无论为学生减压多受欢迎，但只顾学生不管老师，都是一种讽刺；悲观者也许就会认为，这种情形是否就是一种症候，反映出大学公司化后会把顾客满意度作为重中之重。2014 年，《卫报高等教育网络》曾刊发一篇文章，《阴郁的思想：为什么学界的心理疾病正在抬头》。该文显示出，自加拿大大学教师协会在2007 年的全国调查，七年了，事态没有发生什么变化，这就确证了柯莱儿·肖和卢西·沃德的判断，"在学术界，围绕着心理健康议题……存在着一种接受文化"[22]。身处于一种对教授和研究生"毫无关心的学术环境"之中，工作负担——尤其是"对产品和生产力越来越高的要求"，已经大大膨胀。[23]"学生是顾客"的理念，再加上对技术日渐深化的倚重，已经导致了工作和生活的严重混同，难以区分——比方说，"要求：对学生的提问，必须在 24 小时内予以回应"[24]。

当我们翻阅关于学术压力的各种研究时，我们会惊讶地发现，历数被认定为工作压力之源的各种情形，事关时间不够用的场景，竟是如此之多。关于学者的工作压力，沃尔特·格梅尔奇曾做出最早的研究（1984 年初次发表并在1993 年重印）：根据受访学者的自我陈述，排名前十的压力之源，按顺序来排列，分别是：(1)"强加过高的自我期许"；(2)"确保我的研究可以得到经费支持"；(3)"没有充分的时间，将我所在领域内的最新发展了然于胸"；(4)"所领取的薪水不足以满足生活的经济开销"；(5)"准备书稿，寻求出版"；(6)"感觉摆在我面前的是一个过重的工作负担，就是那种在常规的工作日内不可能完成的任务"；(7)"所承担的工作要求干扰了其他的个人活动（生育、家庭或者其他兴趣）"；(8)"认定我职业生涯的进展未能达到它应当或能够做到的地步"；(9)"经常被电话或者没有预约的访客打扰"；(10)"参加的会议占用了太多的时间"。[25] 在上述十种压力源中，至少半数（3、6、7、9、10），摆明了是因为时间短缺。而在其余情形中（1、5、8），时间是包含在生产力的测算之中的：所谓感到某人职业生涯的进步不尽如人意，就是一种焦虑，发展得还不够快。1987 年，彼得·塞尔丁曾总结关于学术压力的研究发现，当时他就把自己的观察凝练为"任务太多，时间太少"这个副标题，在他看来，这个议题，"在所有慢性工作压力场景的榜单上，高居榜首"[26]。二十年一晃而过，时间短缺只会越来越严重。2008 年，《社会环境与人类行为杂志》就大学教员的时间压力问题做了一期专题讨论，更全面也更详细的研究在该期专号上得到了发表。根据这期专题讨论，不同的研究者还发现了此前没有的压力源，追根溯源，可归因至大学环境的迅速变化。这些新出现的压力包括："重大的技术变革"导致了"过重的工作负担"；"所承担的，是那种一眼望不到头的工作"；[27] "自我施加的期许"可谓"不可实现之高"；[28] 以及"资源流失的大环境，同时压力却越升越高，工作效率的要求没有最高，只有更高"[29]。根据加拿大大学教师协会 2007 年报告的观察，学术职业曾令人心向往之，"具有很高的社会地位"，但在过去二十年间，这种观念已经跟不上现实，发生了相当大的变化。在报告中，加拿大大学教师协会的研究团队还点评了澳大利亚和英国此前的研究，他们指出，有些共同的压力来源，比如说"工作负担、任务难度、时间压力"，放之四海都在"进一步加剧，原因包括大学科系重组、短期聘用合同的运用、外部审查和问责，以及资金的大规模削减"[30]。而在报告的"主要发现"部分，首要议题就是时间："工作和生活的平衡，是最稳定的压力相关指标，可以预测较低的工作满意程度和负面的健康症状"[31]。换言之，时间一有欠缺，后果就会很严重。如马克·泰勒所言，"速度会杀人"，由此祸及无数："现在连加速度本身都在加速，个人、社会、经济，甚至自然环境都接近崩溃。"[32]

虽然当前关于大学公司化的研究已经蔚为大观，但这一转变会如何影响校园时间，却还需进一步的关注：公司化已经导致了学习的标准化，并制造出一种紧迫感。如比尔·雷丁斯在《废墟中的大学》中所论，所谓教育，现在已经成为"一种通道，在某个具体的时间段内，从无知走向教化"（就作为通道的教育而言，要尽可能短，尽可能标准化）；"教学已经被化约"为"学分和学时"；"完成所需的时间"，目前已经成为评估教育质量和效率的普遍标准[33]。弗兰克·多诺霍指出，"生产力、效率和竞争成绩，这些市场范畴，而不是爱智或博雅，驱动着……学术的世界"。[34] 而生产力、效率和竞争，这些价值有一个共同的因素，就是时间。所谓生产力，就是要在某单位时间内把一系列任务做完；所谓效率，就是尽可能快地完成任务；而什么是竞争力，某种意义上就是兜售你的成绩，务求赶在其他人捷足先登之前。公司化，简而言之，已经拨快了大学的时钟。此外，以斯蒂芬·科林尼为代表，很多学者已经觉察到一种破坏力极强的动向：在当前的学术气质中，"卓越"，已经成为某种"停不下来"的理念："标准必须永远'步步高'。指标之所以要存在，就是为了被超越"[35]。面对大学永不停歇的向前进和争上游的心态，如要抵制，眼下是极为困难的："'卓越的'，还必须要变得'更卓越'才行，做不到的，就会暴露出来，被贴上自满、落伍或者某种同样羞耻的标签"[36]。举个例子，英国某所大学刊登广告，招聘一位管理者，要求他可以带领学校"超越卓越"，科林尼指出，"这种'不断进步'的观念，在概念上就是无法自圆其说的"[37]。

　　教育无小事！玛莎·纳斯鲍姆曾著有《告别功利：为什么民主需要人文学科》一书，在她的宣言书中，开篇第一句就写道，"我们正身处一场危机，它规模巨大，严重的后果将祸及全球"。[38] 詹姆斯·科特（James E. Côté）和安顿·奥莱哈（Anton L. Allahar）则出版了《象牙塔忧思录》，副标题就是"危机中的大学体制"。而根据金斯伯格的评估，行政控制的大学已经出现了"恶性发展"[39]，现已进入了某种晚期阶段："有些学院和大学还可能得到挽救，但抱歉地说，要救治大多数学校，现在恐怕为时已晚"[40]。亨利·吉鲁著有《锁链中的大学：正视军事—工业—学术复合体》，他在书中提供了又一种危言诊断：高等教育目前承受的各种"攻击"，他认为，"可谓来自四面八方，按我的评估，大学业已因此危机丛生，较之于数十年前的麦卡锡主义运动，眼下可说是有过之而无不及"[41]。弗兰克·多诺霍则反思了危机话语的无所不在。我们也质疑危机论的语言，但根据却不同于多诺霍，据他判断，"人文学科的教授们已经失去了自我拯救的能力"[42]。

　　我们所坚持的，是一种更乐观的方法。早在 1995 年，马丁·帕克和戴维·贾里就首创提议，高等教育当前存在于"巨无霸大学"（McUniversity）中，理解这种大学，就要关注它将"顾客/学生用作一种替代性的监控设施"[43]，自此后，抵抗斗争就不绝于册，要控制管理权力和公司价值的弥散。

1997 年，克雷格·普里查德和休·威尔莫特合作发表了《巨无霸大学究竟是如何管理的?》一文，在文中，他们找到了"某些矛盾和斗争，它们的存在，会让大学的这种大转向变得不稳定、不彻底，也绝非不可避免"[44]。管理主义，作为"帝国作风的话语和实践"，必然"遭遇到盘踞地方的力量"，后者代表着那些名义上接受管理的角色，"对于改变确立已久的传统，通常没啥热情"[45]。2001 年，吉姆·巴里、约翰·钱德勒和希瑟·克拉克指出，"抵抗的观念……遭到轻描淡写"。[46] 他们的案例研究选取了英国的两所大学，最后得出结论认为，"管理主义尚且没有全面嵌入大学生活之中"：

> 面对来自校内高层官员和外部的压力，我们的学者和行政人员也尝试着（seek）联起手来，彼此支持，以各种方式抵抗（resist）从上而来的控制。[47]（强调为原文所有）

而等到 2012 年，乔尔·范汉奈尔的告诫更是一语中的："学者角色……要得以构建并在此后找到其栖息地，就要穿行于各个方面所拉扯出的紧张之间，它们包括结构、实践发生于其中的社群，以及学者自身在面对结构时的姿态。复杂性和多元性之所以出现，不仅根源于学者工作在其中的结构性境遇（机构、政策框架、学术惯例），还同样起因于学者具体的行动，亦即他们作为个体是如何回应上述境遇的（面对结构，学者的行动选择，以及他们自己对教育和学术努力所持的信念）"。[48] 上述所有的研究者都在找寻一个空间——用前述巴里等三人合撰论文的话来说——这空间，存在于"象牙塔和学术生产线之间"，该文亦指出，那些"尚不资深的学者……正在积极尝试，要将学术的手艺保持下去，他们通过工作作风的互援或转化，以此制约或弱化由种种改变所带来的残酷冲击"[49]。在第四章论述同事之道时，我们将会探讨弗兰克·马特拉所说的一种"聚拢的环境"[50]，在面对外部管理压力时，它将提供一处避风港，而在"危机"如"狼来了"一般的当下，它又能减缓孤独无助的情绪。

还应指出，危机论的话语本身就是问题的一部分。近期，科特和奥莱哈出版了他们合作的新著，《高等教育的降低：公司化大学的兴起和博雅教育的衰落》，在书中，两位作者具体限定了他们对"危机"的定义。所谓危机，实乃"一种转折点……而不是一种迫在眉睫的绝境"，但即便有此限定，他们还是坚持认为，"大学系统已经滋生出一系列的问题，必须采取某种决断性的行动，刻不容缓（now）"。[51]我们并不否认干预是必要的，但我们认为，危机论的话语会制造出一种紧迫感——要迅速动起手来，赶在为时未晚之前——正是这种感受，会让我们在面对扑面而来的命运时感到更无力。如果说大学的公司化模式在诱发恐慌，那么各种抗议公司价值的著述也同样如此，这又何尝不是一种讽刺？危机话语还有一个非预期的后果，就是会鼓励无所作为：既然为时已晚，何不逆来顺受？在此，我们主张，要站在"慢生活"运动的视角，由此出发去理解教授的职业活动。这种理解包含着一股力量，可以扰乱公司制下的速度气质。按照帕金斯和克雷格所做的解释，慢生活"这回事并不只是'慢下来'这么简单，在更为根本的意义上，它是关于行动力（agency）的问题"[52]。慢教授，根据目的来安排行动，他们把时间花在深思、反思和对话上，培养出情感和智识上的韧性，也如科林尼所言，有能力保持"心平气和"[53]。

有些朋友告诉我们，醒一醒吧，做个识时务者，或者说他们就是太忙了，忙得没办法慢下来。对于他们，本书画重点如下：所谓"慢运动"，"并不是一种反文化运动，要从日常生活中撤退……也不是一种回归往昔，回到那些美好的旧时光……它既不是一种懒惰的状态，也并非一种慢动作生活的版本"[54]。准确地说，"慢运动"，乃是"一种过程，经由'慢'，日常生活——连同它的各种步调以及复杂、颤动（frisson）和寻常——都得到有关怀和关切的进入……它也是一种生活在当下的努力，其方式是有意义的、可持续的、经过缜密思考的，并且令人愉悦的"[55]。在此，我们认同温蒂·帕金斯和杰弗里·克雷格的观点，"慢运动"蕴藏着"潜能"，不仅可以"重新激活日常生活"[56]，还能重新发现生活的政治面向。[57] 事实上，说起"慢饮食"的特色之一，就在于这场运动将"政治和愉悦"结合了起来——这也是杰夫·安德鲁斯所著《慢饮食故事》一书的副标题。目光集中于食物，这一聚焦却"植根于更广大的议题"，心怀全球化

¹² 和环境保护，[58] 与此同时，又不至于失去享用美食的快乐。如果说金斯伯格将他"提议的理疗方案"比作"苦口良药"[59]，那么我们所给出的疗法，则不仅要见疗效，而且还要"味道好极了"；我们想要处理的，应兼顾一位学者日常生活的长期和短期安排。在本书接下来的章节中，我们将探讨前述"慢哲学"的诸原则，重点在于这种哲学对轻松快乐和地方情境的关切；然后讨论"慢原则"将如何处理大学教员的压力，改造学术界的实践。詹妮弗·林霍尔姆和特琳·塞勒尼也曾重点强调，"为数众多的大学教员，无论性别、种族、科系，以及所在机构的类型，都有共同的反馈，他们经历着普遍的工作所致的压力。而在这一环境中，关键就在于，我们……要奋力发展出工作和生活的习惯，其运转方式要能促进我们自己和他人的幸福"。[60]

《慢教授》这本书，既不是一项我们所仿效的经验研究，不是詹姆斯·科特和安顿·奥莱哈的路数，也不是一份对公司化大学的全面揭发和批判。比尔·雷丁斯、玛莎·纳斯鲍姆、斯坦利·阿罗诺维茨（Stanley Aronowitz），以及本杰明·金斯伯格，以上述学者为代表，学术界已经提供了精彩的分析，讨论了大学教育的公司化会导致什么后果和社会影响。对于上述学者的论证，我们完全认可，但我们也相信，当前

最需要的，并不是再来一份诊断问题的研究。我们希望做出的贡献，是能结合起"政治和愉悦"。追溯这本书的发端，不过是两名学者彼此间的互助，而现在一路走下来，则升级为一场对学术界的严密检讨。在我们眼中，这本书可谓对学术界秘密生活的揭示，作者所吐露的，不仅是做学者的痛苦，也有为学的快乐。写作这本书，时常会激起我们的焦虑，因为要将那些习惯上不可言说的东西给说出来，但也是因此，我们必须不断提醒自己，在私人的羞愧和政治的图景之间循环往复，我们的写作必定能结出硕果。我们后来也意识到，在禁忌打破之后，焦虑就是不可避免的后果，就那些被破除的禁忌而言，它们不只是当下的，还有一段长期存在的历史，它们是：精益求精的理想、自给自足的个人主义、维系着"新""旧"大学的理性主义。事实上，父权制的价值也打开了大学公司化的大门。

很可能，我们之所以对大学的危机更能感同身受，是因为我们身处人文学科。而讽刺之处却在于，我们缺乏生产力，我们总是跟不上指标，但这些感受却未能引导我们去"解读"制度——直至眼下，才有制度之转向；我们总是在自责，而这种心态却正中了公司价值的道。许多评论者都已经指出，面对以大学核心原则为靶子的攻击，却几乎未见来自学界的抗争。之所以会这样，不仅是因为学者们都"忙得脚不沾地"[61]，还要看到，学术训练所推崇的是个人主义和绩优制的价值，因此会抑制集体意识的生长。一方面，在公司化的大学中，人文学科可以说是尤其脆弱的，但另一方面，人文学科却堪称智识探索的典范，示范了什么是学者不器，而无论身处哪个学科，这种"不器"都是我们必须去保护的。正是这种批判性的思考，才使得大学成为一种公共价值，而不是"一种仅代表在校学生和学者的局部或自利的事业"[62]。

根据我们的构想，《慢教授》是写给学者的，某种意义上是一本自助自救之书。我们希望，在谋篇布局上这本书的阅读感受是友好的。第一章《不被时间所管理》，提供了一个整体性的分析，讨论了统治我们学术工作的各种时态，以及我们如何同时间管理做斗争。从第一章后，余下各章则分别聚焦于学术工作的不同部分（教学、研究，以及同事关系）。

大学的公司化，已经制造了无所不在的时间紧张（和压力）。进入第一章，我们首先检讨了专门针对学者而建议的时间管理文献。我们认为，这些文本言之凿凿，要给不堪重负的学者提供解脱之道，但却口惠而实不至。毋宁说，这些时间管理的招数，是在赞美负重工作，推崇速度文化。进言之，这些建议文献往往误会了学术工作的性质，也不清楚学术所必需的条件。这一章所关注的，是在时间压迫和个人压力之间的关联，并且给出种种建议，怎样做才能减缓时间困境。这一章为后续章节打下了一个基础，紧接着，我们不只是分析速度文化对学者个体的不良影响，还将这种分析扩展为一个自觉的政治论证，阐释速度文化对学术探索、社会批判和公民参与的负面作用。

在第二章《教学与愉悦》中，玛吉·伯格（该章执笔者）指出，当前要求转向线上教学的声音越来越大，但越是如此，越有必要守护线下面对面的课堂。之所以如此，是因为教育并不只是传递信息，甚至也不只是传授知识。思考，必定是有主体的，也是嵌入在语境内的，因此有其场景，但学术界往往会忽略教与学的感情维度，也没有自觉意识到在群体内思考的优势。众所周知，积极的情感会促进学习，所以我们也能合理地推论，它们同样能提升教学。要确保我们可以享受在课堂上的时光，这可不是鸡毛蒜皮的小事，也不可能做到一蹴而就：关键可能在于，要创造出一个学生可以学习的环境。这一章探讨了各种策略和技术，目的在于让欢乐越来越多，同时减轻我们教学的压力。

14

在第三章《研究与理解》中，芭芭拉·西伯（该章执笔者）拷问了大学公司化对学术的破坏。总有些话语在你耳边嗡嗡响，科林尼称之为"教育行的时髦词"[63]。想必我们都很熟悉（也许早已厌倦）：我们的科研要有竞争力，要有开拓性，要走在最前沿，要能三五句话讲出来，要有应用性，要有冲击力，要能转让，要能形成科研集群才好申请基金资助，要能在市场上盈利，要能深入浅出以供媒体报道（来一张照片啊，拜托！）。某大学最近发布新闻，骄傲地宣布，在本校基地内进行的研究"治愈了致命疾病"，这种口径淋漓尽致地展示出公司化的语言。这年头，若是你所研究的疾病最多不过是降低人们的生活品质，那这样的研究势必也就是二流的……（如果你研究的是普鲁斯特的小说，那抱歉，你的研究在品级上还要更低一些）。大学的公司化，不仅硬生生地提升了某些研究领域的优先级，使得一些研究领域凌驾于另一些之上，而且还不分学科，渗透进我们所有学者做研究的方法，也塑造了我们是如何认识科研的。我们都感受到驱动力，要转向更易于量化也更可能在市场上转化的研究，由此也催促我们，要尽快得出"研究发现"，而这同自由思考和社会批判的精神可谓背道而驰。关于慢学术、学术理解以及伦理介入，这一章提出了一种反其道行之的话语。

在第四章《同事与社群》中，我们讨论了大学公司化之后同事关系的流失。我们试图找到这一现象的可能原因，同时又展示出我们的生活以及职业发展所受到的影响。我们坚持认为，只是将同事关系添附在教学、研究和公共服务之上，结果不过是使我们进一步成为工具，只会恶化目前已经冰冷的氛围。也就是说，同事关系成为我们可以做的表面功夫，变成了被评估的对象，那么下一步，我们学者也就成为了可以量化的商品，这不仅在大学行政眼中是这样，更糟糕的是，同事之间也会互为商品。按照这一章的建议，我们此前忽略了学者工作所带有的感情维度，现在，为了打造出弗兰克·马特拉所说的"聚拢的环境"[64]——彼此支持，相互信任，是时候将注意力转移到我们的感情面向上了。以携手解决情感问题为初心，这样的同事关系就提供了一种更有效（也更有爱）的干预，破除当下过度理性的公司化环境。

结论章《合作：在一起思考》，回顾了我们在一起合作本书的过程，反思了学术合作是如何不同于写作时的单打独斗的。当我们决定分头写作第二章和第三章时，上述对比在一本书的写作过程中也就其义自现了。事实证明，第一人称的写作，要困难许多。而在一起的合作，却是将"慢哲学"付诸实践的一种方法，一路走来，我们重拾起政治，也收获了快乐。

注　释

1. Pocklington, T. C., and Allan Tupper. *No Place to Learn: Why Universities Aren't Working*. Vancouver: University of British Columbia Press, 2002. 51.

2. Catano, Vic, Lori Francis, Ted Haines, Haresh Kirpalani, Harry Shannon, Bernadette Stringer, and Laura Lozanksi. *Occupational Stress among Canadian University Academic Staff*. Canadian Association of University Teachers, 2007. 8. Web. 21 Feb. 2015. <http://www.unbc.ca/sites/default/files/sections/si-transken/occupationalstressamongcanadianuniversity.doc>

3. Ibid.

4. Ibid.

5. Ibid.

6. Deresiewicz, William. "Faulty Towers: The Crisis in Higher Education."

Nation. par. 24. Web. 4 May 2011. <http: // www. thenation. com>

7. Lodge, David. *Deaf Sentence.* London: Harvill Secker, 2008. 94.

8. Edemariam, Aida. "Who's Afraid of the Campus Novel?" *Guardian* 2 Oct. 2004: 34.

9. Readings, Bill. *The University in Ruins.* Cambridge: Harvard University Press, 1996. 6.

10. Ibid. , 3.

11. Deresiewicz, William. "Faulty Towers: The Crisis in Higher Education. " *Nation.* par. 17. Web. 4 May 2011. <http: // www. thenation. com>

12. Ginsberg, Benjamin. *The Fall of the Faculty: The Rise of the All—Administrative University and Why It Matters.* Oxford: Oxford University Press, 2011. 2.

13. Ibid. , 51.

14. Ibid. , 49.

15. Collini, Stefan. *What Are Universities For?* London: Penguin, 2012. 108.

16. Donoghue, Frank. *The Last Professors: The Corporate University and the Fate of the Humanities.* New York: Fordham University Press, 2008. xi.

17. Ibid. , 135.

18. Ibid. , 97.

19. Washburn, Jennifer. *University Inc. : The Corporate Corruption of Higher Education.* New York: Basic Books, 2006. 240.

20. Ibid. , 240.

21. Klusmann, Uta, Mareike Kunter, Ulrich Trautwein, Oliver Lüdtke, and Jürgen Baumert. "Teachers' Occupational Well −Being and Quality of Instruction: The Important Role of Self−Regulatory Patterns. " *Journal of Educational*

Psychology 100. 3 (2008): 702.

22. Shaw, Claire, and Lucy Ward. "Dark Thoughts: Why Mental Illness Is on the Rise in Academia. " *Guardian Higher Education Network.* 6 Mar. 2014. par. 3. Web. 21 Feb. 2015. < http: // www. theguardian. com / higher – education–network /2014 /mar /06 /mental – health – academics – growing – problem – pressure–university>

23. Ibid.

24. Ibid.

25. Gmelch, Walter H. *Coping with Faculty Stress.* Newbury Park: Sage, 1993. 21–4.

26. Seldin, Peter, ed. *Coping with Faculty Stress.* San Francisco: Jossey Bass, 1987. 15.

27. Miller, Gale E. , David R. Buckholdt, and Beth Shaw. "Introduction: Perspectives on Stress and Work. " *Journal of Human Behavior in the Social Environment*17. 1 /2 (2008): 3, 6, 12.

28. Lindholm, Jennifer A. , and Katalin Szelényi. "Faculty Time Stress: Correlates within and across Academic Disciplines. " *Journal of Human Behavior in the Social Environment* 17. 1 /2 (2008): 20.

29. Buckholdt, David R. , and Gale E. Miller. "Conclusion: Is Stress Likely to Abate for Faculty?" *Journal of Human Behavior in the Social Environment* 17. 1 /2 (2008): 221.

30. Catano, Vic, Lori Francis, Ted Haines, Haresh Kirpalani, Harry Shannon, Bernadette Stringer, and Laura Lozanksi. *Occupational Stress among Canadian University Academic Staff.* Canadian Association of University Teachers, 2007. 7. Web. 21 Feb. 2015. < http: //www. unbc. ca /sites/default /files /sec-

tions /si-transken / occupationalstressamongcanadianuniversity. doc>

31. Ibid.

32. Taylor, Mark C. "Speed Kills." *The Chronicle of Higher Education*. 20 Oct. 2014. par 15. Web. 21 Feb. 2015. <http: //chronicle. com /article / Speed-Kills /149401>

33. Readings, Bill. , 1996. 127, 128.

34. Donoghue, Frank. *The Last Professors: The Corporate University and the Fate of the Humanities*. New York: Fordham University Press, 2008. xvi.

35. Collini, Stefan. *What Are Universities For*? London: Penguin, 2012. 109, 18.

36. Ibid. , 109.

37. Ibid. , 109-10.

38. Nussbaum, Martha C. *Not For Profit: Why Democracy Needs the Humanities*. Princeton: Princeton University Press, 2010. 1.

39. Ginsberg, Benjamin. *The Fall of the Faculty: The Rise of the All-Administrative University and Why It Matters*. Oxford: Oxford University Press, 2011. 203.

40. Ibid. , 39.

41. Giroux, Henry A. *The University in Chains: Confronting the Military-Industrial-Academic Complex*. Boulder, CO: Paradigm, 2007. 179.

42. Donoghue, Frank. *The Last Professors: The Corporate University and the Fate of the Humanities*. New York: Fordham University Press, 2008. xi.

43. Parker, Martin and David Jary. "The McUniversity: Organization, Management and Academic Subjectivity." *Organization* 2. 2 (1995): 326.

44. Prichard, Craig, and Hugh Willmott. "Just How Managed Is the McU-

niversity?" *Organization Studies* 18. 2 (1997): 287.

45. Ibid. , 313.

46. Barry, Jim, John Chandler, and Heather Clark. "Between the Ivory Tower and the Academic Assembly Line." *Journal of Management Studies* 38. 1 (2001): 87.

47. Ibid. , 98.

48. Fanghanel, Joëlle. *Being an Academic.* London: York: Routledge, 2012. 2.

49. Barry, Jim, John Chandler, and Heather Clark. "Between the Ivory Tower and the Academic Assembly Line." *Journal of Management Studies* 38. 1 (2001): 87.

50. Martela, Frank. "Sharing Well-Being in a Work Community: Exploring Well-Being Generating Relational Systems. " *Emotions and the Organizational Fabric. Research on Emotion in Organizations* 10 (2014): 85.

51. Côté, James E. , and Anton L. Allahar. *Lowering Higher Education: The Rise of Corporate Universities and the Fall of Liberal Education.* Toronto: University of Toronto Press, 2011. 91.

52. Parkins, Wendy, and Geoffrey Craig. *Slow Living.* Oxford: Berg, 2006. 67.

53. Collini, Stefan. *What Are Universities For?* London: Penguin, 2012. 85.

54. Parkins, Wendy, and Geoffrey Craig. *Slow Living.* Oxford: Berg, 2006. ix.

55. Ibid. , ix.

56. Ibid. , 119.

57. Ibid. , 135.

58. Andrews, Geoff. *The Slow Food Story: Politics and Pleasure*. Montreal & Kingston: McGill-Queen's University Press, 2008. 17.

59. Ginsberg, Benjamin. *The Fall of the Faculty: The Rise of the All-Administrative University and Why It Matters*. Oxford: Oxford University Press, 2011. 215.

60. Lindholm, Jennifer A. , and Katalin Szelényi. "Faculty Time Stress: Correlates within and across Academic Disciplines. " *Journal of Human Behavior in the Social Environment* 17. 1 /2 (2008): 36.

61. Menzies, Heather, and Janice Newson. "The Over-Extended Academic in the Global Corporate Economy. " *CAUT / ACPPU Bulletin* 48. 1 (2001). par. 3. Web. 22 Jul 2015. <https: // www. cautbulletin. ca / en_ article. asp? ArticleID = 1669>

62. Collini, Stefan. *What Are Universities For?* London: Penguin, 2012. xi.

63. Ibid. , 78.

64. Martela, Frank. 10 (2014): 85.

第一章
不被时间所管理

"浪费"时间，是创造力之母。

——艾伯特·爱因斯坦

转引自波森[1]

在《学术工作的时间观冲突》一文中，奥利-海伦娜·伊利约克和汉斯·曼塔拉观察到："显而易见的是，只要有两位或更多的学者凑到一块时，他们一定会抱怨时间不够用。"[2] 2001 年，麻省理工学院做了一项关于大学教员的调查，在比较了大学教员和公司 CEO 之后，得出了一项惊人的发现。在大学教员这一组，高达 78% 的受访者认为，"无论他们工作多么努力，都无法完成所有的任务"，相比之下，如此回应的公司 CEO 只占 48%；还有 62% 的大学教员认为，他们"在每天结束时都感到身心俱疲"，而公司 CEO 的同比数据则为 55%[3]。在一次讨论会上，我们被问到一个问题，是否曾有人就高等教育中的人格类型做过研究：是不是有志于大学教育和研究工作的，往往是那种完美主义者（perfectionists)？我们相信，这样的问题没有抓住重点：我们所要问的是，大学体制到底怎么了，为什么会让身处其中者感到无力应对。在《写给学者的时间管理术》一书中，哈里·刘易斯和菲利普·希尔斯可谓苦口婆心，他们认为必须要申明，"*我们应有健康权*"（*right to health*）；"*我们应有权过私人的生活*（*right to a private life*），*享受家庭生活，要能有一段醒着的时间可用于处理个人事务*（哪怕是满足平常生活的必需：让我们自己有房住、有衣穿、有饭吃，支付账单，关注油盐柴米）；*因此，我们应有权限制我们的工作总时长，从而为上述活动找到空隙*"。[4] 我们必须给自己放个假，才能去吃饭、洗澡、付账单，这一事实本身就反映出，在当前大学环境中，我们的生活已经失衡。时间紧迫症不只是个人的问题，它还会毁坏学术工作，我们的批判性和创造性思考的能力也会因此所剩无几。至于那些时间管理指南书，虽然承诺会让我们学者脱离苦海，但结果却时常让我们感到更捉襟见肘。我们认为，其中的问题，与其说是关于如何管理我们的时间，不如说是生活在一种分心的文化中，我们应如何保持自己的注意力。

学术工作就其本质而言是永无止境的；虽说工作时间的灵活是学者的一项"特权"，但摇身一变，弹性也可以转化为每时每刻都在工作，或者是自认为学者应该没休息。玛丽·莫里斯·海伯格和茱莉亚·米勒·维奇就指出这一悖论："尽管学术工作负担极其繁重，学者还是可以自由地安排他们的时间，这是经济体内其他所有行业都可望而不可即的。对于有些学者来说，这种自由可谓职业道路上的一大优势；但对于其他学者而言，这就成了压力的根源。"[5] 进言之，若是考虑到取得博士学位必须投入的时间和金钱成本，而经济回报却高度不确定，那么我们可以判定，我们之所以以学术为业，大多数都出于理想的追求，而不是实用的考虑。虽然工作有信仰是影响工作满意度的一项关键因素，但理想主义也可能催生出负重工作。理想主义驱动着思考和教育的努力，但也可能成为大学手中的一把利器，仿效许多公司，大学可以操纵这种理想主义，运用家庭和共同体的修辞，"来凝聚公司文化，激发忠诚和信仰，最终却是为了推进生产力"[6]。因此，悖谬之处在于，我们对自己的职业越是忠诚，越要奉献，那么我们就越能体会到时间压力和煎熬。

　　读戴维·洛奇的早期校园小说，我们可以发现，书中角色曾有大把时间握在自己手中——如在《换位》中，菲利普·斯沃洛到"狂欢"州立大学做访问，期间把性爱、嗑药、摇滚乐都尝了一遍，而现如今的教授则在浏览书架或搜索互联网，寻找能驾驭时间的法术。当然，关于学者如何管理时间，大量建议早已出现，就摆在那里。某些建议来自于商业机构，比如一家名叫"斯克瑞本迪"的编辑公司，他们给出的建议，听起来就像马基雅维利的权术。在他们为学者提供的十大时间管理术中，其中一条就是，"用好你的研究生"："别理会大部分的本科生抱怨，让研究生来完成大多数的批改和打分。如果这些研究生将要或已经进入博士阶段的学习，那就更好了。你也等于帮了他们一个忙。如果他们没有进入博士阶段，那好吧，这原本也是成为研究生的一部分任务。只是要确保对研究生好一些——比方说，在期中考试改分时买些比萨，或者偶尔在酒吧同他们见面，别忘记请他们喝点东西"。[7] 还有一些有助于节省时间的窍门，比方说，"在你的墙上挂上一个钟，放在只有你能看到的位置"[8]；在学生或同事造访你办公室时，"站着说话"[9]。这类策略在许多地方都所见略同，阿纳斯塔西娅·艾拉马可和约翰尼斯·格尔克曾合作《写给新教员的时间管理》一文，他们在文中就建议，我们"要把尽可能多的任务委托给……行政助理"："想方设法要躲开这些工作——复印文件、搜索航班行程、在互联网上订货，打印论文"[10]。这是一种奇怪的剥削者态度，原本压力是冲着我们来的，现在我们则把它们转包出去：与其被驱使，不如驱使别人。这些建议丝毫没有觉察到劳动者团结的原则，也忘却了一个事实，行政助理和研究生也没有源源不断的时间，可以为我们无限地奉献。而在现实中，教授们所要面对的恰恰是反向而来的委托；比方说，许多原属文员的任务（申领教材的赠阅本、准备支票申请材料、影印等），现在都已加入到教授们的工作清单上。艾拉马可和格尔克还给出一个建议，在做论文的同行评审时，不妨让研究生分担我们的一部分工作："把文章发给你的一位学生，安排好一次数周内的碰面，届时讨论下这篇文章。在此期间，你也仔细审读这篇论文。然后在与学生会面时，你们讨论下评审意见，接下来由学生完成评审意见的初稿，再转交你来审定。用这种方法，我们既指导了自己的学生，教会他们如何去写作好的同行评审，与此同时，在最后期限到来前，评审意见也已准备完备。"[11] 由是观之，在公司化的大学里，每一位学者都是为了他自己。而上述种种时间管理的策略，也能折射出目前大环境下的工作期待有多么不切实际，学者必须精疲力竭地掌握某些策略，否则就不足以清空 19
他们的"待完成工作"的清单。

如果你正努力挣扎，要在工作和生活之间重新找到平衡，那么大部分关于学术时间管理的文献都不会让你舒坦。事实上，你很可能会感觉到，你就是工作不够努力而已。格里高利·科隆·西门扎曾著有《面向 21 世纪的研究生学习》一书，他在书中明文指出："人致可以说，对大多数学者而言，一天工作大约 10 小时是完全够用的，尤其是我们几乎在任何时间都可以开展工作"，这就有别于普通的劳动者，他们"总会浪费大量的时间，上下班的通勤，在饮水机旁的社交闲聊，还有要用去整整一小时的午餐"。[12] 西门扎以自己的生活规则来现身说法，"最迟不晚于早晨 7 点 30 分，就可以在办公室找到我，最早也不能早过下午 6 点左右，才能带我'回家'……当然，我也经常要加班工作——当我收到学生的文章时，当我必须要赶一篇论文的交稿期限时，或者当我白天抽出一个小时看医生时"。[13] 该书有一章的副标题叫"一周有八天"，西门扎在这里建议自己的读者，"要把哪些工作留到周末做，其间大有智慧可言"："如果在某个星期四，我发现在下周一之前，我必须要读完两本书，批改十篇论文，我就会在周五下午处理掉那些论文，因为在整个周末，不论什么地点，什么时间，我都可以更容易地进入阅读状态——在客厅里，当我的妻子在读她自己的书，儿子在瞌睡时；在车的后座上，当我们全家去往乔安妮姨妈的露天烧烤时；或者是躺在沙滩椅上，只要还有光线能捕捉时。在看洋基队的比赛时，我可以更新课程的签名册。坐在公园长椅上，我也可以审阅书稿。"[14] 菲利普·万卡特曾出版《有效的、有效率的教授》一书，他在书中给出建议，"对大多数人来说，每周工作大约 55 个小时，就可以完成大部分的工作"[15]，万卡特还特别告诫，即便在未获终身职的聘用阶段[这一时期"无异于战争状态"[16]]，工作时间也应"接近"这一范围[17]——当然，这是指超过 55 个小时的接近。万卡特专门强调，"家庭和个人生活是非常重要的"[18]，但我们又能到哪儿去找到这些时间呢？我们可以发现，按照时间管理建议去安排自己的时间，往往是自相矛盾的。一方面，我们得到建议，要运动锻炼，好好吃饭，要有业余爱好，也要有社交生活，只有这样，我们才能以最佳状态投入工作；但另一方面，若按照上述方案来安排自己的工作时间，哪里还能有剩余呢？一周工作 55 个小时大约是这个样子：从早上9点到中午12点；下午1点到3点；然后是3点30分到7点30分，每周六天。就这样，我们陷入了一种折腾不停的节奏，按照唐纳德·霍尔所规划的，只要"设定好……现实可行的每日和每周目标"，即便承担着两个学期各四门课的教学任务，你还是可以做研究的。[19] 霍尔的建议如下：保护好你的星期六，留给科研，并且把批改作业和备课推延到周日，在"12个小时"内歼灭。[20] 再来一次，让我们分解一下这样的一天：这意味着工作从清晨8点开始到中午12点，下午从1点开始到6点，晚上从7点到10点——这还是一个星期天！在《时间陷阱》一书中，亚力克·麦肯齐历数了"最顶尖的时间管理大师"，其中一个模式来自埃莉诺·布兰特利·施瓦茨博士（Dr Eleanor Brantley Schwartz），当时她正担任密苏里大学（堪萨斯城）的校长，为有所启发，我们在此全文引述：

> 时间管理，是我生活的中心。我的日程每天都塞得没有一丝空闲，为了让我可以卓有成效，我必须要做好分解时段的安排，每一时段对应着一件必须要做的事情，然后要确保这件事能在对应的时段内完结。
>
> 从我还在学院那会儿，我一直就过着非常繁忙的生活，当时我有全职的工作，作为一位单亲妈妈，还要养育两个孩子。那种情形，到处都是高压，所以我摸索出了时间管理的技术，纯粹是出于生活的必需。从凌晨4

点，我就开始写作，一直到 6 点 45 分，这时我叫醒孩子们。前一天晚上，我们总是做好了最充分的准备，我是要上班，孩子们则是要上学。我们会把明早所需的全部东西放在门口，也在前一晚备好午餐，放在冰箱里。现在，我雇用了家务工人，但她们同样必须要听我的管理。

我总是努力着在同一时间去做两件事，只要任务是允许这么做的。比方说，在动手准备晚餐后，我同时叠衣服，一边还盯着晚餐准备的过程。或者说，当我在清理厨房和洗碗刷盘子时，我会在脑子里写论文。[21]

读着就有些胆战了，我们必须承认，诸如此类的时间管理和生产力模式，对大多数人来说，一定是不现实的，而且也没办法做到长期持续。若是确如罗伯特·博伊斯[22] 所言，我们当下的文化以"展示忙碌"为美，那么我们在此提议一种反向的文化，即一种"慢文化"，它以平衡为美，且敢于质疑生产力的追求。要是在凌晨 4 点就开始写作，那就意味着你在 3 点 30 分就要起床，这可正是大半夜。而且，若是日复一日地这么忙碌，那我们还能有什么像样的精力迎接整个白天的工作，再者，如果我们总是"同一时间做两件事"，那在面对所爱之人时我们又如何可能静下心来？许多著作，如戴夫·克鲁萧（Dave Crenshaw）的《多任务处理的迷思》和爱德华·哈洛韦尔（Edward M. Hallowell）的《忙到要疯》，都证明了一件事：多任务处理，实不副其名！我们并不是同时在做两件事——我们所做的，不过是在任务之间来回切换，而这样一番操作，不仅让我们更低效（因为每次切换后得重新集中精力，也要花费时间），还会搞得我们丢三落四。按照戴维·波森的提议，"单任务处理"（*single-tasking*）才是"救赎之道"："在一个时间段，只做一件事，按顺序来，务求全神贯注"[23]。扎迪·史密斯也有同样的感悟：读她的小说《西北》，致谢部分一开篇，她就写道："感谢 Freedom© 、Self-Control©……感谢它们创造出了——时间"[24]，这些都是屏蔽互联网接入的程序。学术文化总在赞美超负荷工作，但质疑忙忙碌碌到底有何价值，也是我们必须要做的。我们不妨扪心自问，我们在彼此眼中成了什么样子，在学生眼中又做出了什么样的榜样。《加拿大女王大学校友评论》的最新一期刊发了一篇文章，作者是该校毕业生，还曾荣获人文与科学本科生协会奖学金，名叫朱莉·哈姆加德特。这位女生发起了"消失中的能力"计划——"很多刚成年的青年人都患有慢性的、从肢体上看不出来的疾病，比如关节炎、纤维肌痛、糖尿病、红斑狼疮、克罗恩病，作为一家组织，我们致力于推动社会对这些青年人的关注，改进他们的教育，并增加对他们的支持"，[25] 这一项目本身值得表扬，也非常重要，但她对自己大学生活的描述，作为一名学生是如何担当这一工作的，读起来却令我们深感不安。哈姆加德特承认，在她看来，充足的睡眠并非必需，而这种想法"当然不会有助于身体、心理和精神的健康"，但"在事业竞争中，你总要舍弃些东西"[26]。她"努力做到每天'25个小时'，每时每刻都要活到极致"，这种活法就要求"多任务处理"："在锻炼形体时，我一定要找一位朋友聊聊近况；不管去哪儿，我都会随身带一本书，随时补充十分钟的课程阅读；一边合上'消失中的能力'宣传册，一边开始同家人在网络上语音；一定要参加大型的社交聚会，这样我就可以一次性地见到许多朋友。"[27] 以上所述，都是时间管理的成功学故事，推销的是多任务处理和长时段工作，也是我们在本章中所要挑战的。不仅如此，我们还必须要批判地思考，为什么时间管理术竟是如此千人一面。

回顾下这些叙述：从早上9点工作到晚上7点30分，每周工作六天（万卡特）；或者每天凌晨，从4点开始写作，直到6点45分（施瓦茨）；抑或是为接下来的几个月安排好每个小时的工作（霍尔）——它们都有一种谜之说服力。为什么呢？是因为它们证明了我们的职业在我们心中的正当性——不过是劳动力大军的一种？或者说它们做出承诺，我们终将掌控住这种速度？抑或是它们让我们释然，为什么我们无法成为福柯（虽然有种传言很流行，据说在福柯工作的图书馆的街对面，就有一家他最爱的冰淇淋冷饮店。如果说施瓦茨的工作习惯给我们留下深刻的印象，那我们便已经泥足深陷了，落入了希拉里·雷蒂格所说的"完美主义者的比较"，比来比去，"总是有毛病的"。这是因为我们在任何比较中，总是会落在失败的那一端——因为作为一名完美主义者，之所以要做比较，目的并不是要得出有意义的见解，而是希望借此再来一记闷棍，敲打你自己的脑袋，迫使你自己能追求更高的生产力。[28]

本书的一位作者还记得，八月末的某一日，她曾在河畔偶遇一位同事，问到他暑假是怎么过的。"哪有什么暑假啊？"同事回复道："我每天都在写作，每天八小时。"她当即感到羞愧难当，不停地自责，因为自己刚同女儿游泳归来。一直等到我们写作这本书时，她才意识到，其实她的同事也在河边漫步，虽然想必不是为了欣赏河岸风光。雷蒂格曾一针见血地指出，内疚和自责并不会增加我们的生产力；它们只可能创造出一种"环境，要从根本上扼杀创造力"[29]。随后，我们还将更详细地讨论学术创新所需的条件，但眼下，雷蒂格给出了明智的建议："要比较，切不可用你自己去比较某个不可能或非凡的生产力标准，而应同某个合理的标准相比较，与此同时，尝试揭开你偶尔能提高产能的原因，然后复制相应的条件。"[30]

那些关于时间管理的著作，在它们给出建议的部分，总是惊人的相似：保持记日志的习惯，看看你的时间到底"流向"哪儿了；安排好每一天的工作日程；建立短期和长期的目标；整理好你的工作场所；学会说"不"。要做好计划，要分清轻重缓急，要井井有条，这些至理名言从不会错，但它们也往往会加剧我们的时间稀缺焦虑，因为所谓时间管理，就是不断地测量时间。我们的时间就是一块馅饼，现在则一个劲地细分，切成更小、也更精确的份额，这可不是长久之计。在此意义上，时间管理非常像五花八门的饮食指南（事实上，不少时间管理书也明文做过这种比较），它们会劝说我们记录自己的饮食日志，就每一餐做好计划，设定目标，然后计算自己摄入了多少卡路里，又消耗了多少卡路里。同理，这些饮食指南没有什么不正确的，但这种算法却很狭隘，它没有充分考虑到，究竟因为什么我们才会在一开始就饮食过量，又是什么系统性的因素促进了"肥胖症的流行"。还要记住，如果说节食方案只盯着卡路里的摄入限制，就会造成匮乏（反过来又会导致饮食报复，节食者一屁股坐下来，往往能干掉一大袋家庭装的薯片，再来上一品脱的冰淇淋），那么时间管理的招数往往也会制造贫乏，即一种时间越来越不够的感觉，且会导致越来越糟糕的结果。反反复复，我们总是听说，时间短暂易逝。如要最大限度地利用这一稀缺资源，各种建议将我们包围，比如说，在安排会议议程时，"书面上的时间，要少于我认为会议实际要占用的时间，这么设置，是为了让我及其他与会者更有效率"[31]，或者说，准备外出时，"在你的随身行李箱中打包充足的工作，至少要比你航程预定时间再长两个小时才行"[32]。伊安·尼尔森也严正督促，为人师者，应把他们的日记本里每一个可用的时间段都填满，"这样就能时刻提醒你，你所剩的时间寥寥无几。只要在你的日记本里还留有些空格，那就表明你手里还有些时间"。[33]

如此说来，时间当然还是金钱。刘易斯和希尔斯曾写道，我们必须让自己形成习惯，"无论是作为个人，还是决策主体中的成员……将我们的时间和付出当作一种'稀缺资源'，一如我们对待金钱那样：作为一种极为有限的资源"。[34] 然而，伊利约克和曼塔拉也曾指出，根据研究受访者的反馈，大学教员所体验到的时间压力，产生于大学校方的"管理时间"，在这一过程中，"时间差不多就是被当作一种形式的金钱，可以被测量、计算，然后划分成为具体的单位"[35]，以至于"学者的日常工作必须被转换为可量化的指标和成果，完全不考虑学术工作自身的内在节奏"。[36] 举个例子来说明，"项目制的研究者，每过半小时都要做一次工作记录，详细写下这一时段他们都做了些什么。据说，这么做是为了按货收款，研究者可以向出资方证明，他们是如何充分利用时间的，因此他们的薪水也是应得的"。[37] 学者应当如何担负学术责任，上述版本可以说是完全否定了研究在现实中的展开逻辑（上午9点至9点30分：写了一个句子；9点30分至10点：决定删掉刚才写出的这个句子；通过图书馆的馆际互借预约了一本书；其他活动）。

先压抑一下我们的段子手天赋，但诸如上述的记录留存，可以说是完全不适合研究和阅读的（比方说，我们一个小时能读多少页书，取决于读什么书，以及为了什么目的而读书，速度会存在极大差异）。唐纳德·霍尔曾著有《学术的自我：一本用户手册》，他在其中就强调要"精明地管理……时间"[38]，优秀的学者甚至要走到这一步，应提前安排好每一个月的学术工作，做到"以小时为单位"的计划。[39] 因为"时间是可以再分割的，是均等的，也是可预测的"，所以"我们务必从一开始就要知道，在即将到来的数周、数月甚至是一年乃至更长的时段内，我们要在某个具体的工作环节上投入多少天，甚至精确到多少小时——这个环节，可以是科研，也可以是教学，或者是公共服务"。[40] 但学术时间是否真如霍尔所说，是"可以再分割的，是均等的，也是可预测的"[41]？我们的课堂是这样，但我们工作的其他部分就远非如此了。教学的学期有其自身的节奏，但到底会有多少学生联系我们，请求出具推荐信，又会收到多少份奖学金申请，等待我们去评估和排序，还会有多少抄袭案例要求我们采取行动，如此等等，都是我们不可能预估的。这么说来，要安排好一个工作日的每个小时，哪怕是提前一个月，也是根本不可能的。

上述霍尔的时间管理术，可以说是诸多指南之中最厚道的了，但即便是霍尔的方案，也存在问题：它们会在我们体内植入错误的时间类型，议程化的时间（scheduled time）——我们本就要三头六臂，尽力应对教学、科研、行政、填表、学生电邮，等等，生活也因此过得七零八碎，而时间的议程化又会进一步加剧这种碎片感。"碎片化"（frag- ²⁵mentation）这个词，在伊利约克和曼塔拉对芬兰学者的访谈中，反复不断地蹦出来。工作日已经"变得非常漫长，且七零八碎"，或者"时间和精力的碎片化，正是当下学者的感受，严重破坏了他们的工作满意度和产能"[42]。时间永远都不够用，这种感觉制造出恐慌，一种狂热的感觉在蔓延，认为自己总是落在人后。埃伦·奥斯特洛夫就曾观察到，"所以很多时候，当你在压力之下工作时，你自己的脑袋里就正在进行一场对话。它通常包括各种胡思乱想，你现在'究竟应该'做些什么，'若是……则要……'的种种场景，以及你如何紧赶慢赶才能把所有工作都完成"。[43] 梅根·特尔纳（Meghan Telpner）曾批评流俗的节食养生法，她当时指出，我们真正需要的，是一种"不为饮食所左右"（Undiet）——这也是她的书名。同理，我们建议，我们所需要的，不是时间管理，而是不被时间所管理（timelessness）。

我们认为，并非只要有更好的工作习惯，时间压力的难题就能迎刃而解（读者朋友，如果你质疑这一点，请记住，你已经成功完成研究生院的学业，或者正在读研究生）。那些所谓的时间管理，并没有充分考虑到大学系统发生的变化：毋宁说，时间管理所关注的只是个体，其方式经常表现为一种惩戒（我的习惯必须要打磨成型）。真正的时间问题，在于不断加码的工作负担、不断加速度的工作节奏，以及弥散在公司化大学中的工具主义。现如今，有些院长或系主任在要求教员提交信息时，经常将最后期限设定为"周五营业结束时"或者"营业结束时"（COB，亦即 close of business），这一事实就表明，我们日益生活在两种时间的夹缝中：公司化的时间和学术工作所需要的时间。所谓"不被时间所管理的时光"（timeless time），亦即"基于内在的驱动去使用时间，在此进程中，由钟表记录的时间已经失去意义"，很大程度上已经成为某种一厢情愿。[44] 在他们的调研中，伊利约克和曼塔拉对 52 名芬兰学者进行了访谈，虽然其间并无提问直接涉及他们工作中的时间问题，但调研显示，在所有受访学者看来，不被时间所管理的时光，是一种"奢侈"，是怀旧的情绪所在，或者"一种美好愿望，一个计划或者一项目标"，却远远不是现实[45]。这些学者还指出，时间总是不够用，长此以往导致他们感到"虚弱无力，压力重重"[46]。从时间压力到虚弱无力感，中间的关联是如何搭建起来的，尚且要做更进一步的考察，尤其是因为两者都同大学体制的一个变化有关，即治校权力被移交至大学的行政人员。他们着眼于经济，这也就导致了所有工作都应高效完成的压力。伊利约克和曼塔拉评论道，"真正的研究需要时间，也必然会花费时间，少一分一秒都不行——因此应当给研究者以一项研究所必需的时间"，[47] 在当下的大气候下，这一主张看起来已非常激进了。这就是"慢科学学院"（Slow Science Academy）的集结口号，它在宣言书内写道：

思考，我们需要时间。消化，我们也需要时间。在重拾人文学科和自然科学失落已久的对话时，即便要误会对方，我们都需要时间。我们不能每时每刻向你们解释，我们的科学到底是怎么回事；它又能带来什么好处；原因很简单，就连我们自己目前也并不知道。科学，需要时间。——给我们一些时间，当我们思考时。[48]

而博迪·乔森也曾写道，"我们当然知道，知识工作，如科研（新知识的创造）和学习（新知识在某个人身上的创造），完全不同于工业生产的成品，因此应由一种完全不同的方式来衡量"，[49] 她的结论是，"我们所需要的不是技术，而是思维术"（thinkology）。[50] 某种程度上，本章就是我们尝试"思维术"的努力。

要进行批判性和创造性的思考，哪怕只是为了认真思考，我们都需要"不被时间所管理的时光"，这是伊利约克和曼塔拉的概念。[51] 而按照卡拉安波斯·梅因梅里斯的定义，所谓"不被时间所管理"，指的是"一种全神贯注的体验，一个人沉浸在某个迷人的当下时刻的活动或事件之中，从而超越了时间，也超越了他自己"[52]。研究表明，周期性地从时间中逃逸，可以促进我们的深度思考、创造力和问题解决能力。米哈利·乔赞米哈伊的研究覆盖了不同职业和种族的群体生活，结论认为，一个人越多"全神贯注"（flow）

的体验，那么他或她就会越快乐。最终，乔赞米哈伊甚至主张，"全神贯注"——一种"最佳的内在体验状态……入定后，意识就已井然有序"，会让我们变成更优秀的人：

27

> 当精神力量——或者说注意力——集中于现实目标之上，同时技巧又能与行动机会相匹配时，这一切就发生了。追求一个目标，就能整顿一个人的意识秩序，因为他必须将注意力集中在手边的任务上，并且暂时忘掉其他的一切。全身心投入，征服挑战，人们会发现，这些时段是他们人生中最美好的时光……一个人，只要他实现了对精神力量的控制，并且将这种能力投入自觉选择的目标之上，他就能成长为一个更复杂的存在。伸展我们的技巧，应对更高的挑战，这样的人会因此成为一个越来越卓越的自己。[53]

这种"全神贯注"的体验说起来是如此难以捉摸，只有待它已经完结，我们才能在回溯之中有所把握。说来也气短，根据梅因梅里斯的定义，这种状态也是车轱辘话绕着说：

> 所谓不被时间所管理，就是一种全神贯注的体验，一个人沉浸在某个迷人的当下时刻的活动或事件之中，从而超越了时间，也超越了他自己。这些年来，学者和

诗人都曾指出，不为时间所安排，潜心贯注于当下的时刻，可以说是通往创造和欢乐的大门。[54]

也就是说，当我们经历着不被时间所管理的时光时，我们的创造力就会开启，而反过来说，所谓创造力开启的体验，就是某种不被时间所管理的状态。

我们不可能在互联网上下单订购"全神贯注"——事实上，我们可以发现，要追寻"全神贯注"，互联网恰恰是是非之地，躲得越远越好——但是，我们可以定制它的条件，亦即不被时间所管理的时光，以此激发创造力，促进原创思考，并带来一份显而易见的红利——快乐。梅因梅里斯意识到，进入某种不为时间所管理的状态，反而会提升组织的生产力，于是他开始了对工作条件的考察，追踪哪些条件会促进，又有哪些条件会阻碍"注意力高度集中、想象力蓬勃且高品质的工作"[55]，具体则"体现为一个人的工作产出，应当是新颖的、原创的、有用的"[56]。结果不出所料，他发现，"某些因素，分别可归类为任务、个人以及工作环境"，组合在一起，就能促使"一个人在工作中走入他的创造力之路"[57]。前两种类型的条件，从任务到个人，在大学环境里一般都能得到满足。通常而言，面对学术的工作，学者都有发自内心深处的强大动力；他们相信，他们面前是值得追求的目标，且也有能力去实现目标；他们明白，"创造力……需要热情、坚持，以及不屈不挠"，他们也期盼着，可以让

28

自己"长期坚持不懈，投身于形成并阐释新观念的创造性事业之中"[58]。如此看来，学者群体可以以身作则，示范起什么是"全神贯注"的状态。但问题在于，仅有个人的动机还是不够的。环境因素也很重要，它可以促进创造性的思维，也可能构成干扰。梅因梅里斯在研究后发现，原创的、创新的思考在当前所面对的主要障碍，就是太多工作要去做的压力：

> 具体而言，极限的工作负荷压力，呈现为极端的时间压力以及对生产力不切实际的期待……使得每一位学者几乎不可能潜心贯注于手头的任务，也不可能体验不被时间所管理的状态。[59]

所以说，我们必须找到一段时间和一处空间，将这一时空保护起来，留给不被时间所管理的时光，同时不断提醒我们自己，这么做并不是学者的松懈，反而是为学术工作所必需。如果我们找不到不被时间所管理的时光，证据表明，受损的不仅是我们的工作，还有我们的大脑。

不被时间所管理，是我们所欲的——不仅有利于我们的工作，而且能提升我们的职业和个人生活的满意度。但问题在于，当各种更紧急也更紧迫的要求涌来时，这种状态也就被丢在边缘了。理想的科研日子，是写作，泡图书馆；但现实却是，我们要查询并回复一波又一波的电邮，做好研究记录以备查，与此同时，还要尽快掌握最新的技术应用，因为按照上头发来的电邮，我们已经收到通知，大学已经购买了这一系统，目前正投入使用（于是我们可以看到，许多同事不断吐槽，他们又打发了一个科研工作日，虽筋疲力尽，但却毫无产出）。如梅因梅里斯所言，他引用了乔赞米哈伊和其他学者的话："所谓常规的意识状态，其特征就在于杂乱，这是因为总有无数不同的刺激，竞取着有限的注意力资源。"我们所需要的，毋宁说在于"专注"（engrossment），它"动员了一个人全部的注意力资源和身体能量，集中于一个也仅仅一个刺激因素，即当下时刻的活动"[60]。毛拉·托马斯观²⁹察认为，"在我们的生活中，到处充斥着噪音"[61]。戴维·申克，在回顾他十年前的《数据迷雾》一书时也曾评论道："现在的问题在于，我们如同被牵上线的木偶，只会把注意力放在热闹上"[62]。所以说，我们应当如何拒绝热闹，又为何要这样做呢？

1. 我们需要下线。汤姆·查特菲尔德曾著有《数字时代成长指南》一书，他在书中指出，在人类历史上可谓头一遭，"许多人的日常缺省状态就是上网'连线'，进入至少一种个人定制的媒体形式"[63]。他还写道，我们人类现在有两种"存在于世界上的方式，彼此间有着根本的不同，一种是我们的在线状态，另一种是不在线的状态"，因此我们必须要追问，"什么样的一项任务以及什么样的生活，可以匹配哪一种存在状态"[64]。申克以及许多学者都告诉我们，研究已经表明，"在回复电邮或者答复短信之后，如要重新进入'严肃的思考任务'，即便是一位经验丰富的电脑用户，也需要平均15分钟的时间"[65]。如果我们总是被虚拟空间所打断，那么碎片化也就会成为我们的宿命。如果我们总是低头看信息，那么按照托马斯的说法，我们就患上了"自我诱发的注意力缺陷障碍"[66]。尼古拉斯·卡尔已经证明，互联网实际上正在改变我们的头脑：

考虑到人类大脑的可塑性，我们知道，即便在我们下线后，我们在线上的习惯仍会继续，仍会影响神经元突触的运转。因此，我们可以假设：负责浏览、泛读和多任务处理的神经回路正在扩张，并越来越强化，与此同时，维持注意力之持续不断，用于深度阅读和思考的神经回路则在弱化，甚至是受到侵蚀。[67]

多任务处理的主要问题是什么？迈克尔·梅尔泽利奇（Michael Merzenich）在一次访谈中的总结可谓一针见血："我们正在'训练我们的大脑，去关注垃圾'。长此以往，我们的智识生活会因此遭受'致命的'的打击。"[68]。

2. 我们应当少做点。雷蒂格写过一本精彩的书，叫《高产者的七个秘密》，他在书中写道：

所谓时间管理，不是要把尽可能多的任务塞入你的

日程里，越多越好；而是从你的日程上，删去尽可能多 30
的任务，越多越好。这样一来，你就可以把时间用于完
成重要的事，按照高标准严要求，同时也尽可能降低工
作压力。[69]

行文至此，是时候打起精神，接受批判了："这就是为
什么我会告诉人们，在你开始管理时间之后，若是身边人也
开始抱怨，那么恭喜你！这说明你管出了效果。"[70] 戴维·
波森在《工作正在谋杀你?》一书中指出，做得少一些，反
而会获得多一些。在投入创造性的工作和连续思考时，我们
所有人都有自己的最大能力限度，一旦超过这个峰值，我们
就只是投进去时间，却毫无意义（因为这样的工作没有高品
质可言）。[71] 波森的研究发现，"长时段工作经常是低效的，
当人们背负太重的压力时，他们也很难有创造力"。[72] 波森
还引述各力的理由，说明为什么他关于减少工作时长以及工
作场所压力的提议会遭遇组织化的抵制，在许多理由中，最
显著的一个就是他所说的"同事压力和公司文化"："负重工
作被视为力量，而工作和生活的平衡却被看成是软弱的，或
者自我放任"[73]。所以说，我们不仅要少做一些，同时还要
把波森和雷蒂格的著作放在办公桌上，以备不时所需的
辩解。

3. 我们要经常体验不被时间所管理的时光。托马斯一语
中的："你给自己集中精力的机会越少，你就会变得越没法

集中注意力。"[74]

要做到不被时间所管理，就要求：

（1）一种转换："一种个人经历后的仪式……去集中注意力，减少焦虑，创造一种轻松的氛围，凡此种种"[75]。

（2）一种承认：你要认识到，任务总是比原计划更耗时。下次不妨把计划用时翻一倍。千万别忘记"启动时间"（*setup time*）："这段时间，是用来做好整理，把事情安排好，在此基础上你才能开始某一具体的任务"[76]。也要记住，任何事情，凡是第一次做的总要花费你更多的时间。

（3）玩乐。创造力需要甚至是必需某种形式的玩乐。查特菲尔德曾观察说，"在我们生活的'放空'时光里，某些思考就是会蹦出来……无论是通过线上的数字化沟通，还是精心安排的线下研讨，都不可能去复制这些思想。它们是突如其来的灵光时刻，在生活尚未被分割成按照分钟来计算时，这样的时刻会最经常地降临到我们身上。[77]（强调为本书作者所加）

（4）让"内心的恶魔"[78]闭嘴。我们必须要让自己头脑中的批评者安静下来：

> 到底是什么在扼杀或限制一个人的创造力，通常而言，是勇气的缺乏，不敢去探索新奇或逆文化的观念；是使人不得动弹的焦虑，总是因自己的表现而畏首畏尾；是草率的否定，自己的见解被认为是立不住脚的，

不值得进一步阐释。[79]

（5）关掉那个纳税公众形象的声音（仍在我们自己的头脑中）。科林尼曾写道，"关于当下的讨论氛围，最令人沮丧的一点要数讨论所在的背景……即，大学被视为某种奢侈品……而许多学者也被看成是中产阶级的福利乞讨者，浪费公共开支来放任他们的私人爱好"。[80]

4. 我们需要一些时间，啥都不做，这或是波森所说的"放空时间"（timeouts）。听到这个建议后，教授身份的意识反应也许会让我们怒发冲冠，但我们应当记住，"我们的大脑，如同我们的身体，需要定期的休息。大脑就好像肌肉。它会感觉到疲劳。我们需要恢复时间、休息时间，以及卸压时间"。[81] 按照我们很多人的理解，所谓"卸压"，就是在每个工作日结束时，让自己瘫在沙发上，或者每年一度，在身体急需的时候来 次度假。但是，我们所需的并不止这些。这位医学博士所规定的"放空时间"，指的是在我们工作日内的"停顿"，这么做，是为了对我们自己好一些（推而广之，也将因此惠及我们周边的人），同时也能保护并在事实上提升工作的品质。

5. 我们必须要改变，停止对时间的无休止谈论。在《摆脱时钟》一书中，乔森指出，要改变一个人和时间的关系，"你必须告别那些令人沮丧的时间陈述，比如说'我就是没有充足的时间！''时间没有了！'或者'我不知道时间都去哪儿了',破而后立,继而学会习惯不一样的时间观念,'"[82]。既然从来没有哪一天可以长过24小时,那么更有意义的,便是改变我们对时间流逝的感知。如乔森所言,"时间满满当当的快乐,并不比时间捉襟见肘的噩梦更有罪过"。[83] 再一次,我们大概要做好准备,应对质疑:"这一方式的推理会招惹其他人。无论是朋友,还是陌生人,都用他们的问题表现出了疑问,而分析他们的问题,通常都混杂着担忧。"[84]

本章至此所关注的,集中于时间贫乏会如何危及我们的生活以及工作品质。但是,时间贫乏也有政治性,关于这个问题,我们将在后续章节内做详细讨论。大学公司化所导致的时间状态,也不只是加重了学者个人的压力(当然,只有这一点也够了),它还破坏了大学的民主能力。所谓大学,就是鼓励人们"去思考,去批判性地介入知识,去做出判断,去承担起有知者的责任,去理解这种知识对整个世界的影响"。[85]

注 释

1. Posen, David. *Is Work Killing You? A Doctor's Prescription for Treating Workplace Stress*. Toronto: Anansi, 2013. 172.

2. Ylijoki, Oili-Helena, and Hans Mäntylä. "Conflicting Time Perspectives in Academic Work." *Time & Society* 12. 1 (2003): 56.

3. Massachusetts Institute of Technology. "Findings of the Faculty Survey Conducted in October 2001. " MIT Quality of Life Survey. 10. Web. 21 Feb. 2015. <http: //hrweb. mit. edu /workfamily /pdf /fqol. pdf>

4. Lewis, Harry R. "Slow Down: Getting More out of Harvard by Doing Less. " 109. Web. 21 Feb. 2015. <http: //lewis. seas. harvard. edu /files/ harrylewis /files /slowdown2004_0. pdf>

5. Heiberger, Morris Mary, and Julia Miller Vick. *The Academic Job Search Handbook*. 3rd. ed. Philadelphia: University of Pennsylvania Press, 2001. 11.

6. Philipson, Ilene. *Married to the Job: Why We Live to Work and What We Can Do about It*. New York: The Free Press, 2002. 123.

7. Scribendi Inc. (CA) "10 Time Management Techniques for Academics. " 1997-2015. par. 4. Web. 21 Feb. 2015. <https: //www. scribendi. com/advice/ 10_time_management_techniques_for_academics. en. html>

8. Ibid.

9. Ibid.

10. Ailamaki, Anastassia, and Johannes Gehrke. "Time Management for New Faculty. " *SIGMOD Record* 32. 2 (2003): 103.

11. Ibid. , 104-5.

12. Semenza, Gregory Colón. *Graduate Study for the Twenty-First Century: How to Build an Academic Career in the Humanities*. New York: Palgrave MacMillan, 2005. 48.

13. Ibid.

14. Ibid. , 51.

15. Wankat, Phillip C. *The Effective, Efficient Professor: Teaching, Scholarship and Service*. Boston: Allyn and Bacon, 2002. 18.

16. Ibid.

17. Ibid. , 19.

18. Ibid. , 17.

19. Hall, Donald E. , and Susan S. Lanser. "That Was Then, This Is Now, but What Will Be? A Dialogue between Two Generations of Professors. " *Professions: Conversations on the Future of Literary and Cultural Studies*. Ed. Donald E. Hall. Chicago: University of Illinois Press, 2001. 221.

20. Ibid. , 222.

21. Mackenzie, Alec. *The Time Trap: The Classic Book on Time Management*. New York, NY: AMACON, 1997. 211-12.

22. Boice, Robert. *First - Order Principles for College Teachers: Ten Basic Ways to Improve the Teaching Process. Bolton*, MA: Anker Pub. Co. , 1996. 38.

23. Posen, David. 2013. 164.

24. Smith, Zadie. *NW*. London: Hamish Hamilton, 2012. 295.

25. Harmgardt, Julie. "A Multitasker's Impossible Dream?" *Queen's Alumni Review* 4 (2012): 8.

26. Ibid. , 8.

27. Ibid. , 9.

28. Rettig, Hillary. *The Seven Secrets of the Prolific: The Definitive Guide to Overcoming Procrastination, Perfectionism, and Writer's Block*. 2011. 27.

29. Ibid. , 32.

30. Ibid. , 27.

31. Cuny, Janice. "Time Management and Family Issues. " 51. Web. 21 Feb. 2015. <http: //math. mit. edu /wim /links /articles /timemanage. pdf>

32. Wankat, Phillip C. 2002. 31.

33. Nelson, Ian. *Time Management for Teachers*. London: Kogan Page, 1995. 23-4.

34. Lewis, Harry, and Philip Hills. *Time Management for Academics*. Little Fransham: Peter Francis, 1999. 108.

35. Ylijoki, Oili-Helena, and Hans Mäntylä. "Conflicting Time Perspectives in Academic Work." *Time & Society* 12. 1 (2003): 73.

36. Ibid. , 74.

37. Ibid. , 61.

38. Hall, Donald E. *The Academic Self: An Owner's Manual*. Columbus: Ohio State University Press, 2002. 44.

39. Ibid. , 49.

40. Ibid. , 48.

41. Ibid. , 48.

42. Ylijoki, Oili-Helena, and Hans Mäntylä. 12. 1 (2003): 56.

43. Ostrow, Ellen. "Setting Boundaries in the Ivory Tower." *The Chronicle of Higher Education*. 8 Sept. 2000. par. 19. Web. 21 Feb. 2015. <http: // chronicle. com / article / Setting-Boundaries-in-the-I/ 46372>

44. Telpner, Meghan. *UnDiet: Eat Your Way to Vibrant Health*. Toronto: McClelland & Stewart, 2013. 62.

45. Ylijoki, Oili-Helena, and Hans Mäntylä. "Conflicting Time Perspectives in Academic Work." *Time & Society* 12. 1 (2003): 63, 64.

46. Ibid. , 56.

47. Ibid. , 63.

48. The Slow Science Academy. "The Slow Science Manifesto." 2010. Web. 21 Feb. 2015. <http: // slow-science. org>

49. Jönsson, Bodil. *Unwinding the Clock: Ten Thoughts on Our Relationship to Time.* Trans. Tiina Nunnally. San Diego: Harcourt, 2001. 95.

50. Ibid. , 96.

51. Ylijoki, Oili-Helena, and Hans Mäntylä. 12. 1 (2003): 62.

52. Mainemelis, Charalampos. "When the Muse Takes It All: A Model for the Experience of Timelessness in Organisations. " *The Academy of Management Review* 26. 4 (2001): 548.

53. Csikszentmihalyi, Mihaly. *Flow: The Psychology of Optimal Experience.* New York: Harper Perennial Modern Classics, 2008. 6.

54. Mainemelis, Charalampos. "When the Muse Takes It All: A Model for the Experience of Timelessness in Organisations. " *The Academy of Management Review* 26. 4 (2001): 548.

55. Ibid. , 559.

56. Ibid. , 549.

57. Ibid. , 553.

58. Ibid. , 560.

59. Ibid. , 559.

60. Ibid. , 556.

61. Thomas, Maura Nevel. *Personal Productivity Secrets: Do What You Never Thought Possible with Your Time and Attention ···and Regain Control of Your Life.* Indianapolis, IN: John Wiley & Sons, 2012. 24.

62. Shenk, David. "The E Decade: Was I Right about the Dangers of the Internet in 1997?" *Slate Magazine.* 25 Jul. 2007. par. 10. Web. 26 Jul. 2007. < http: // www . slate. com / articles /arts /culturebox /2007 /07 /the_ e_ decade. html>

63. Chatfield, Tom. *How to Thrive in the Digital Age*. London: Macmillan, 2012. 30.

64. Ibid. , 31.

65. Shenk, David. "The E Decade: Was I Right about the Dangers of the Internet in 1997?" *Slate Magazine* 25 Jul. 2007. par. 4. Web. 26 Jul. 2007. <http: // www . slate. com / articles /arts /culturebox /2007 /07 /the_ e_ decade. html>

66. Thomas, Maura Nevel. 2012. 9.

67. Carr, Nicholas. *The Shallows: What the Internet Is Doing to Our Brains*. New York: Norton, 2010. 141.

68. Ibid. , 142.

69. Rettig, Hillary. *The Seven Secrets of the Prolific: The Definitive Guide to Overcoming Procrastination, Perfectionism, and Writer's Block*. 2011. 80.

70. Ibid. , 77.

71. Posen, David. *Is Work Killing You? A Doctor's Prescription for Treating Workplace Stress*. Toronto: Anansi, 2013. 87-92.

72. Ibid. , 67.

73. Ibid. , 71.

74. Thomas, Maura Nevel. 2012. 25.

75. Mainemelis, Charalampos. 26. 4 (2001): 555.

76. Jönsson, Bodil. *Unwinding the Clock: Ten Thoughts on Our Relationship to Time*. Trans. Tiina Nunnally. San Diego: Harcourt, 2001. 34.

77. Chatfield, Tom. 2012. 49.

78. Rettig, Hillary. 2011. 21.

79. Mainemelis, Charalampos. 26. 4 (2001): 559.

80. Collini, Stefan. *What Are Universities For?* London: Penguin, 2012. 197-8.

81. Posen, David. 2013. 166.

82. Jönsson, Bodil. *Unwinding the Clock: Ten Thoughts on Our Relationship to Time.* Trans. Tiina Nunnally. San Diego: Harcourt, 2001. viii.

83. Ibid. , 48.

84. Ibid. , 10.

85. Giroux, Henry A. "The Attack on Higher Education and the Necessity of Critical Pedagogy. " *Critical Pedagogy in Uncertain Times: Hope and Possibilities.* Ed. Sheila L. Macrine. New York: Palgrave, 2009. par. 3.

第二章
教学与愉悦 *

如果我们要求学者，把学生摆放在一个脆弱和变动的空间中，让学生身临其境以发现他们自己，那么我们也必须为学者创造出这样的环境，在那里，他们可以探索自身的脆弱和犹疑。

——布莱基[1]

所谓"慢教学"，可不是如调侃我们的那些玩笑所讲，要求我们上—课—时—语—速—尽—量—放—慢—些，也不是放任我们少做些，或者降低对学生的要求和期待（虽然这些也不妨一试）。但确实，"慢教学"关系着时间。而悖论却在于，在一节"慢"课堂中，时间却在飞逝，课堂上的所有人，包括我们老师和学生，都会惊讶地发现，一节课怎么这么快就结束了。作为老师，我们都想要这样的学生，他们认真对待课程材料，能够理解我们老师为准备课程所投入的

---

* 本章由玛吉·伯格执笔——译者注。

辛劳。而作为学生，他们也想要这样的老师，对课程材料充满热情，愿意欣赏学生为掌握课程所付出的努力。我们都想让课堂充满活力。去年，芭芭拉和我都很幸运，上课对我们来说成为了一种享受，我们热切期盼着课堂上的对话，不仅在我们和学生之间，也在同学们中间。这样的课堂何以可能，是纯粹的运气吗？还是因为（如我们一贯认定的）我们拥有非常热情且好学的学生？课堂令人疲惫，又或者课堂令人振奋，两种教学经验之间到底存在什么差别？我们意识到，课程讲授的内容，都是我们发自内心所关切的问题，也可以改变并且确实曾改变过人们的思考方式；在整个学期进程中，两门课都是一种快乐。我们是有吸引力甚至魅力四射的老师（虽然出乎意料，但学生的评教可以作证），当然，我们也并非总是如此；事实上，就在同一个学期，我们中有一人在另一门课上，却要面对一个异常安静和沉闷的班级。于是我们意识到，我们的快乐，与其说是课堂成功所附带的结果，而毋宁说是打开成功课堂的钥匙。一位老师能把课上好，他就会享受教学，这是显而易见的；但很可能，更真实的是把次序颠倒过来：也就是说，只有做老师的懂得享受教学，他才能把课上好。根据目前的评估，在教学和学习中将重点放在"基于证据的课堂实践"和"可测度出效果的过程"，就完全忽略愉悦[2]；然而，事实可能是，愉悦——由教师和学生所体验到的那种情感——才是"学习成果"最重要的预测指标。

"慢饮食"运动已向世人展示，愉悦，为公司化的世界所不容。杰夫·安德鲁也曾指出，慢饮食，不同于其他的激进政治运动，如果说它们都忽略甚至是有意回避愉悦，那么慢饮食便是"追求愉悦的政治"[3]。在一个日益均质化的世界里——借用乔治·里泽尔的话，"一个人无论望向何处，他所能发现的都一样，都是那熟悉的形式，却空无一物"，我们所需要的，继续用里泽尔的话来说，就是"一种实体"，它"孕育于本地，然后在这种特异环境里茁壮生长"[4]。在本章中，为了追寻教与学的特异之乐，我们就要应对阿曼达·伯勒尔和迈克尔·科提出的挑战，他们的问题是："在'现场'课堂讲授还未被抛弃，远程在线网课还没有全盘上线之前，现在就要去观察并思考，当学者和学生在同一时间共处于同一空间时，在'现场'的课堂上会发生什么"[5]。面对面教学与远程学习有何不同？一个差别显而易见，在于身体共处一室，而身体距离的接近又必然带来情感的传递。在本章中，我们聚焦于真实的课堂以及愉悦的政治，因为两者在公司化的大学中都是不识时务的阻挡者；鲁斯·巴肯曾出版《新大学的学术生活和劳作》一书，如她在书中所言，"在教室里，我们拥有比大政治中更多的控制权"[6]。而玛丽·奥赖利则嘲讽地指出，在教学中"关于压力和油滑（cynicism）之间的关联，现已存在很多有趣的研究"；她问道："但问题在于，是否存在着一种方法，可以让我们打断这一恶性循环的过程，让我们自己在课堂上生气勃勃？"[7]

35

我们相信，通过推广一种愉悦的教育方法，我们可以击败压力和油滑，与此同时，还能使我们在课堂上保持活力。进而，这种观念还能抵抗公司化价值的入侵。

智识：语境性的，嵌入式的

公司化的大学嗜好一切可以量化的东西，有鉴于此，我们本当期待"智商"亦即"IQ"概念的大流行，因为它是确定不变的，是可以测量出来的。不过事实正相反，最近数十年不断生长的却是另一种观念，即认为智识是嵌入在身体内的，因此要依存于语境和情感。在《"智商"的退场》一文中，戴维·布鲁克斯解释道，科学家在勘探大脑之后发现，"神经连接，根本不是一台冰冷的机器，负责处理信息，而是由情感所塑造的"[8]。安妮·墨菲·保罗在综述相关研究后写道，"智商"，作为一个确定不变且可以测量的概念，已是过时之迷思。准确地说，智力取决于环境："情境化的智力……是世上唯一的智力类型——因为我们自己的思考，总是发生在一种特定的情境中，使用的是一个特定的大脑，存在于一个特定的身体内"[9]。学习从没有也不可能发生在某个超然的大脑中。安东尼奥·达马西奥已经证明，即便我们有可能维系一个脱离躯体的大脑，那样的大脑也是没有能力去思考的："我在这里所说的，并不是意识存在于身体中。我所说的是，对于大脑来说，身体所提供的并不只是生命维持和调节的功能。它还要提供一种内容（content），此乃常规意识在运作时不可缺少的组成部分。"[10] 达马西奥曾见过一位病人，前额叶皮质的受损使他失去了情感能力，结果就是，他连一个简单的决定都无法做出：没有了情感，他甚至无法思考。[11] 但学界未能与时俱进，甚至还抱持着旧观念，认为身体不过只是大脑的生命支撑。这种观念已经损害了我们的教学（至于对我们生活的影响，就更不必提了）。近期，雷奈特·凯恩和杰弗里·凯恩已经将一套教育方法在校内成功付诸实施，这种教育基于如下理念，"身体和大脑相互渗透，某种程度上甚至可以说，它们必须被当作一个单一的系统来处理"。[12] 过往的经验也让芭芭拉和我相信，我们自己连同我们学生的智力都取决于情境，而群体所形成的情感很容易影响到身处其中者的智力。换言之，当整个班级进入佳境后，我们都能更好地思考，这可不是错觉；近期的研究也证明，我们实际上可以一起变得更聪明。

36

一旦认识到我们师生的思考是嵌入在身体情境内的，那么我们的教育方法就会发生重点的位移。查看学生的课程评估，可以发现情感在课堂上是无处不在的。"很有启发""非常刺激""引人入胜且激发思考"，诸如此类的词语表达的都是感情，所以说，"思考并关切"某一主题——引自一位学生在课程评估里的话——经常会连贯在同一个短语中。由是观之，站在学生的角度，他们在一门课上感觉如何，同他们如何评价这门课，这两道问题并不存在区别；学生的各种情感——无论是积极，还是消极的——都与他们如何学习构成了一个整体，难以区分。芭芭拉·弗雷德里克森对团体的心理动态进行了广泛的研究，最终提出了积极情感的"拓展和构筑"（broaden and build）理论。一方面，消极情感，在进化意义上是有益于人类的，她归纳说，因为这类情感可以激发起迅速且决断性的行动，这是人类逃避危险所必需的能力；另一方面，积极情感则能导向我们所说的高阶活动。此前的分析表明："以快乐为例，快乐之所以能拓展，就是因为它会产生出驱动力，让我们去玩耍，去创造，去推动限制……兴趣，作为一种在现象上特定的积极情感，也会产生驱动力，去探索，去吸收新的信息和经验，并在此过程中扩展自我。因此，兴趣也能拓展。"[13] 通过实验，弗雷德里克森已经确证，我们的情感越是积极，我们在心理、智识和身体意义上的回应能力便越是强劲，或者说我们的"思想—行为剧本库"[14]越是丰富。不仅如此，积极情感还可以消化由消极情感所造成的危害，长远来看，会使我们的心理更坚韧："积极情感可以扩展注意力和认知能力的范围——灵动且新颖的思考因此得以可能，在此意义上，积极情感还应当可以扩充人们长期的应对资源"，同时"增进人们后续的情绪状态"[15]。以上所述，罗列出了积极情感的各种收益，既有短时段的，也有长时期的，可谓令人印象深刻。聪明的、坚强的、有创造力的学生，哪个老师不想要呢？

现实授课和感情

2004 年，麻省理工学院媒体实验室的十位专家发表"宣言"，围绕着"有感情的学习"，这十位专家承认，"感情功能和认知功能是相互融为一体的，不可分割"[16]，从两者之间的一体程度可推出如下结论，"一种更为积极的心态，不仅会使你感觉更美好，还能激发出一种不同类型的思维，其特征是在解决问题时趋向更多的创造性和灵活性，在决策形成时更有效率同时思考得更全面"[17]。麻省理工学院的计算机科学家还引用了莱珀（M. R. Lepper）和沙贝（R. W. Chabay）的观点，这两位学者在文章中指出，"在由真人做专业辅导时"，他们当然会努力实现"认知和信息方面"的目标，一如在计算机界面中的辅导；但同时，他们"在指导过程中，还会化费至少同样的时间和注意力去达成感情和情感的目标"[18]。这些科学家渴望发展出新技术，拥有"情商"能力，可以"识别感情，并做出回应"[19]。据我们所知，所谓的人工"情商"，目前可以做到识别面部动作、声音表达、肢体运动，以及皮肤温度。以"情绪手套"（Galvactivator）为例，这是一种"通过皮肤传导的感知手套"，它连接着一个发光的二极管，可以测量我们心理的波动。有了这个工具，学生就可以看到他们在某一任务中的参与度（比如说，当他们在"讨论问题"时，手套亮度就会高于"他们坐下来听讲")[20]。还有一种"能变形的计算机",目前正在研发中,它"能够同用户互动,很有表现力地进行某些物理形态的运动"[21]。之所以研发这一设备,科学家的灵感源于"人与人之间的自然互动——当人们在一起工作时,他们的行为就会有互动,比方说,在谈话间歇时变动坐姿,或者感兴趣时身体前倾"。[22] 这些技术的关键在于通过观察探测出行为的模式,推断用户的情绪状态:"这种推断,就是所谓的'情感识别',当然,这并不是真的洞察出你当下的感觉,它们所能识别的,只不过是一种与情感相关的外显变化的可测量模式。"[23]

上述的科技研发试图还原出人类交流的感情场景,只是这些努力看起来却不得其门而入:他们把重点放到了可观测的对象上,而这反倒会加剧他们意图克服的割裂。在《感情的传播》一书中,特蕾莎·布伦南为我们展示出,某一个人现在心情如何,并不必然是我们看到的(see):我们更有可能是嗅出了(smell)别人的感受。布伦南在书中的论证令人信服,她证明了情感是通过外激素传递的(具体到性吸引的问题,我们长期以来都接受了这种外传播的观点),因此可以说,情感"确实是飘荡在空气中的",通过我们的嗅觉,从一个人流向另一个人。或许媒体实验室要改变他们的研究,转而关注一种"摩擦生香"(scratch-and-sniff)式的传递。化学物质在空气中传播,在被我们吸入之后,就经由血液改变了我们的心情:"环境……改变人的内分泌,而非内分泌改变环境。"[24] 科学之所以忽视了情感传递的嗅觉方式，是因为它挑战了西方传统的信念：根据这种传统，我们都是单独的并且有界的个体，我们的情感都容纳在我们自身的皮肤之内：

> 自足的理念是与认知的理念绑定在一起的，后者认为，决定一个人之行动的，更多的是认知，而不是情感。所以说，当一个理念（自足）开始主导观念史之后，另一个（认知）则随之成为主流，也就不足以为奇了。[25]

概而言之，西方对认知的强调，根源于我们的个人主义哲学。

虽然布伦南并未讨论教育方法的问题，但她确立了理解感情传递的新范式，这有助于我们重新审视远程学习以及零碎集成式的学习。许多学习技术目前将重点放在了"看见"上，这既强化了心灵和身体的割裂，同时又加剧了主体和客体的分离（而讽刺的是，自我监控的设备却使学习者成为了他自己的客体）。因为"有些知识……那些经过嗅吸、碰触或者音色才能收获的知识，并不总是甚至难以渗透在现代人的意识中"，布伦南如是说，所以这种知识总是被忽视；[26]但是，这种知识之所以为我们视而不见，还要考虑到另一个原因，亦即它破坏了我们所珍视的个人主义："感情可以传递，这一概念或者观念不符合我们的个人主义哲学，也无法同我们对'看见'和'认知'的信念相安无事。"[27]换言之，在校园的教室现场内，所发生的不只是观念的交换，也不只是可观测的情感回应模式的交流——远远不止如此！如果学习仅仅是关系着认知的，哪怕是由认知所主导的，那么计算机便已经足够，何必将学习者聚集到同一个屋子里，这毫无意义可言。但是，感情是社会性的，感情"要首先要在那儿，然后我们才能成为我们"。[28]感情的场景会影响到认知的性质："至少在某些情形内，是感情去发现适于它们的思想，而不是思想去寻找感情。"[29]

按照布伦南的解释，情感（emotions）是短暂的，甚至转瞬即逝，但感情（affect）却是情感所余下的悠长，它徘徊不去，散发开来。这一区分告诉我们，虽然我们老师和学生都务必要保持积极的心情（当我写下这句话时，这个判断可谓不证自明），但我们并不需要保持一种连续不间断的"嗨"（high）。科林·比尔德等人的研究已经发现，进入大学第二年，大学生"就把课程中的困难当作一种愉悦的经验"；根据受访学生的回答，在"努力工作"、"沉浸在工作中"，或者通过某一挑战重重的情境之后，他们会感到满足。因此，最终浮现出来的，是"消极和积极情感的复杂混合"。[30]比尔德等人的研究还引用了巴内特的观点，他们发现，不同于瞬息之间的快乐，"当一名学生终于搞明白一个困难的概念，这种'持续的沉迷'，也是快乐和满足的体验，一种有可能转变自我的体验"。[31] 到底是什么在支撑着学生，让他们面对困难却能坚持下来，我们认为这源于"作为一员"或者归属的积极情感。如果说"动力/成就的积极感情会导致一种'嗨'（鸦片制剂/吗啡激素）……归属感，亦即感到作为某群体的一员，它会产生一种积极的安定作用（多巴胺）"。[32] 我们之所以要成为我们，就是因"作为学术共同体之一员的归属感"所支撑。[33]

西加尔·巴塞德（SigalBarsade）曾发表《涟漪效应：情感传染及其对群体行为的影响》一文，他在文中描述了多项实验，均表明群体性的情感是确实存在的，而且它们"能影响到工作结果"。[34] 巴塞德的研究可以确证，"人们并非生活在情感的孤岛上，正相反，群体成员在工作时会体验到种种氛围，这些氛围如同波纹，可以扩散出去，而在此过程中，所影响的不只是群体内其他成员的情感，还包括群体本身的互动以及个体的认知、态度和行为"。[35] 是什么使一个共同体区别于"个体的简单集合"，答案就在于"群体情感的培养"[36]。我们可以认为，布伦南关于感情之社会属性的研究，不经意间为我们展示出"现场"课堂的好处："成为集体，要比集体中之个体的总和，知识更多，推理速度更快，创造性更强——多，而不是少"[37]。所谓共同体，就区别于许多孤立个体的简单集合，而置身于共同的场景内，老师和学生都能体验到积极的情感，也因此可以更有效地思考。行文至此，我们也就无需再做重复：对于我们老师来说，上什么样的课会是一种快乐，应当要数师生之间在教室里感到息息相关的课了。

享受教学

享受我们的教学，不仅能惠及我们的学生，还可以对抗当下学术风气的负面效应。弗雷德里克森已经证明，积极情感可以缓解消极情绪对我们精神的掌控："两种不同类型的积极情感——一种是适度的快乐，另一种叫知足——有着同一种能力，可以治愈由消极情绪积压所致的心血管顽疾。"[38] 我们并不需要手舞足蹈，对着班级唱歌："适度的快乐和知足"就已足够。享受并不肤浅，也不是一种找乐子——这是学者避之唯恐不及的——毋宁说，享受，就是要在"日常小事"甚至"在逆境中"去寻找"积极的意义"。进言之，积极情感还会"提升在后续日常事件中找到积极意义的可能"。[39]

不过，说来并不令人讶异，要想拥有积极的情感，我们不能无所作为，必须做点事才成。里克·汉森解释道，"在进化过程中，大脑形成了一种内置的负面性偏见（*negativity bias*）……当我们展望未来时，总是会看到潜在的危险或损失"。[40] 大学教室看起来是滋生消极情绪的沃土：一想到我们上课时的表现，老师很可能就会焦虑起来，而我们的学生也可能会为他们在课上的表现而焦虑；归根到底，学术在传统上就被视为严肃的事业。前路漫漫，不过我们的当务之急首先在于，诚如奥赖利所言，立刻停止用超负荷的工作来虐待我们自己："这么做，非但不会帮助学生……学习，反而将摧毁我们的健康，导致我们出现形形色色的崩溃状况——但最重要的理由就是，这么做最终会使得我们厌恶学生。"[41]

在本章的余下部分，我想要驻足片刻，用慢动作去分解教学的过程，希望以此表明，关注我们的感受，不仅能降低焦虑（大脑的负面性偏见），还可以提升我们在教学任务中的愉悦（甚至是我们整体的幸福）。在做慢动作分解时，我有意识地选择了一些动词——通常是动名词，因为这种表述有助于捕捉到包含在动作内的情感。接下来所述，是我个人的反思，再加上我发现对自己有帮助的建议。说到这些建议，其中毫无惊人之语；事实上，我的建议很可能让你感到太过稀松平常；但问题在于，无论它们多么平淡，却常常为我们所遗忘。

（一）进入班级时

虽然我总是会预留时间，为课堂做好准备，但在进入班级时，通常还是会焦虑地看一眼我的笔记，或者下意识地担心我的演示幻灯片。不同于演员或运动员，教授并不需要从心理上为课程做准备——甚至也很难想象教授如何为上课做心理建设。刚结束一次会面或办公室的约谈，我们匆忙赶来，抱着一堆书或论文，升起讲台上的电脑，还担心自己是不是忘记带 U 盘。对我来说，什么时刻压力最大——就是等待前一位老师收拾他的讲台，结束同学生讲话的片刻；这时候板着面孔上台，给学生来个杀威棒，并不会缓解我的压力。而自觉意识到课堂即将开始，做好准备吧，却能大大改善我的心理状态。

1. 保持紧张。我是一名很容易感到紧张的老师，不过早已学会了接受自己的性格。我参加过一个工作坊系列，围绕着"教学到底有多可怕"这个题目而展开，工作坊结束后，我也完成了自己的研究——借用拉里·丹森（Larry Danson）的话，这项研究最终使我"重新评判了我自己的感受，并将紧张解释为一种渴望"[42]。原来许多伟大的老师都曾经历过"舞台恐惧"，发现这一点，足以慰藉我心；而读到帕克·帕尔默的论述，虽出乎意料，却让我更感宽慰，在他看来，做教授要战战兢兢，如履薄冰，其对神经的摧残，远甚于成为社交名流。

> 一位好老师，时刻面对着如潮水般涌来的信息流，故而必须行走在个人和公共的交汇处……当我们尝试着建立连接，把我们自己、我们的课程与我们的学生关联起来，我们也就等于把我们自己连同课程都抛了出去，要学会承受冷漠、评断甚至嘲弄。[43]

更何况，帕尔默的这段话写于 1998 年，那年头，"信息流"的狂潮还没有因技术革命而扩容。为什么我在课上会紧张，大抵还要追溯至那些赞颂教师角色的神话，它们从前辈老师那里被口耳相传，而我却继承下来，背负在身。而一旦我意识到，权威、掌控以及百科全书式的博闻，只会使学生与我更疏远，我就能开始让自己松弛下来了。

但是，我还是需要处理身体方面的反应：只要意识到我已经讲得口干舌燥，马上我就会心跳加速。每到这时，来那么一颗小糖果，对我大有帮助：多年前，在一门全班 400 多名学生的大课上，我曾消耗掉几乎整整一大盒子糖果。这搞得我每次开始上课时，都要先告诉台下听众，我可不是在嗑药。若是心里总是想着"哎呀！我紧张得要死！"，只会导致恐慌一发不可收拾；反过来说，不妨这样想，"哦！我怎么又紧张起来了——但这没什么大不了的"，如此就会控制住"打不过，就逃跑"的失败反应。我也曾试过，在去往教室的路上哼着歌。在此，我能给出的最简单的建议来自我的妈妈。要感谢她，追溯灵感之源，这出现在一个完全不同的语境内。很久以前，在感情生活遭遇不忠打击后，我曾没完没了地往家里打电话，也许是听厌了我的悲情，妈妈跟我说："不妨少想想你自己，我亲爱的。"虽然听到的那一刻我很惊讶，但这句话却对我的教学方式产生了数不清的影响。妈妈的建议转移了注意力的焦点，我不再关注自己的恐惧，而要把目光投向班上的学生，关注他们到底要什么。

2. 停顿一下。研究表明，掌握住节奏，转入上课状态，可以提升我们的教学。在澳大利亚，阿曼达·伯勒尔、迈克尔·科和肖恩·查尔曾组织起成功的工作坊系列。在讨论时，教师们采用了非常简单的策略，如演员在舞台上的开场，教师用沉默和静止来占领空间，以此开始他们的演讲。开场的停顿会提升教师的信心和发言，集中学生的注意力，让室内的氛围安静下来。伯勒尔和科指出，"掌控住空间"就象征着自信、权威，以及能讲出真才实学。[44] 一位教师参加了他们的工作坊，他相信，学习静止和沉默，不仅提升了他的自信，还能使他"形成一种师生紧密相连的感觉……学生也因此感到他们受到欢迎，也能得到支持"。这位教师最后得出结论，这种"自信感，无论是存在于口头语言中，还是表现在肢体动作上……若追根溯源，都来自于静默所展示的力量和发言的即兴，还有教学可以使人快乐这种观念"。[45] 研究已经证明，不用言语的沟通，要比以言语为媒介的交流更为即时；巴塞德称之为"原始的情感传染"：一种"非常迅速的过程，自动的、持续的、同步的、非言语的模仿和反馈"。[46] 当学生在不自觉地模仿我们的行为时，他们实际上就"体验着这种情感……因为他们在肌肉、内脏和腺体上的反应会造成这种生理反馈"。[47] 如是说，巴塞德认定，积极的感情可以通过模仿来传递，虽说布伦南想来不会同意这一观点，但她必定会确证伯勒尔等人的直觉，亦即当我们走进教室，还没有开口讲话时，教室内的气氛就已经发生了。进言之，教师的肢体语言也会影响他自己的情感：我总是建议我的研究生，做老师时要装作自信满满。前段时间，我发现了艾米·卡迪（Amy Cuddy）关于身体语言和脑化学的实验：她已发现，在采访还未开始时，摆出一副自信的姿态，确实能让我们更自信。

3. 呼吸。当我们开始上课时，倾听下自己的呼吸，会使我们老师和学生都安静下来。乔舒亚·瑟尔-怀特和丹·克罗齐将研究挖得更深，探测到了交流的更微妙的基础层，他们指出，我们的呼吸能反映出我们老师和班上学生的关系："我们是否愿意把学生和教室的场景带进来，让他们加入进来，发出信息，介入我们接下来在课上要讲的东西？"[48] 他们认为，从习惯上说，我们都在浅呼吸，尤其是坐在电脑旁时；然而，老师在教室内的浅呼吸，会对我们的学生释放出焦虑的信号："举个例子，在学生提问题时，若是我们屏住自己的呼吸，那么轮到回答问题时，就会给我们的身体制造一些麻烦，因为我们必须要先呼气，紧接着重新平衡我们的呼吸，然后才能开始说话。"[49] 而另一方面，轻松呼吸，"象征着放松，可以传递出自信和自在，甚至能够让学生更轻松地将注意力集中在课程材料上"。[50] 瑟尔-怀特和克罗齐之所以关注我们的躯体动作，就是为了追求教学上的目标，为了创造出"新的可能，以使教学能实现更大的自由以及更多的即兴发挥"，而这又将让我们"更有能量，为我们的工作做好更充分的准备。最终，这些进步将创造出一个更 44

好的环境，不仅为了我们自己，也为了我们的学生"。[51] 虽然我们老师无法控制更大范围内的环境，比如说教室不合教学之用，或者学生的人数越来越多，但只要我们在步入教室时更用心一些，我们就可以在师生中间创造出希望。想到这一点，就足以振奋人心了。

（二）上课时

1. 笑。当我还是一名教学新手时，我时常会拿自己的紧张开玩笑，因为我发现，笑话讲完后，紧张也就随之消失了。我还会告诉我的学生，我曾经读到过，肾上腺素可以让你保持年轻，而我实际上已经 95 岁了（随着我日复一日地趋近这个真相，这个笑话也不像从前那么好笑了）。还有些时候，我原本无意搞笑，而班上学生却笑出声来，这难免让我有些尴尬。我想这大概是因为我的英伦口音和英式字眼（"我需要一块'橡皮'！"），让同学们联想到电视喜剧。虽然我现在已经完全掌握了加拿大英语，但我并不介意我的日常发音会逗人发笑。课堂上的幽默，并不必定是要讲笑话（更何况，我总是会把包袱搞砸），说到底，幽默意味着不要太把我们自己当回事儿。适度之时，幽默可以减缓压力，推进学生的学习。关于幽默在课堂上的作用，目前已有许多篇研究论文，而近来实证心理学的研究也有助于解释为什么幽默有用。理查德·韦弗和霍华德·科特雷尔为我们提供了一种共十步的程序，全称是"一个感官激活的系统序列，专用于帮助老师在课堂上能更轻松自如地运用幽默"。他们的策略包括"（1）微笑/放轻松。（2）保持自然/如信手拈来。这一步方式有二，一是放松一下控制/偶尔打破常例。二是要敢于拿自己开涮/不要太端着自己。（3）培养一种非正式的气氛/要健谈，要松弛"。[52] 而我也发现了一个技术含量不高的方法，但对我却非常奏效：在教室黑板上画火柴人，不仅可以制造出"笑果"——我是一位糟糕的灵魂画手——讲解理论时，还能使我有更充分的时间，更缓慢地阐释一个概念。我有证据表明，凡是上过我的文学理论课的学生，一定都记得路易·阿尔都塞的理论，主体是如何被意识形态所唤问的，因为他们都看过我画在黑板上的火柴人。在画面里，一位英国警察高喊，"嗨！你，说的就是你！"，拦截住一位可怜的、不知所措的"主体"。我猜想，后马克思主义确实可以造就出社会团结。

前文已经述及，学术场景内的积极情感是同"社会关系"联系在一起的。[53] 笑声可以推进社会和谐，只要这声音不是嘲弄。雅克·潘克赛普曾创造出"感情神经科学"（affective neuroscience）这个概念，在他看来，成年人"对幽默的嗜好"根源于童年时期：儿童喜欢被追逐和被逗乐，因为这些动作能"激发大脑"并且促进情感连接。成年人的笑声"几乎可以确定是能够传染的，可以传递积极社会团结的心境，由此推进社会参与的合作形式"。[54]

在我整个求学生涯中，我还能记起一位教授，可以说，他是在真正享受自己的课堂，总是能让我们同他一起开怀大笑。在课上，他呈现出一个接地气、不修边幅的乔叟，而我至今仍然记得，他的这种鉴赏令我兴奋不已。还有一位教授——我们都喜欢她——总是用她最快的速度念完手上的讲稿，很显然，这样我们就能早点下课，早点散场。（在那个班上，我是唯一还想回到图书馆的学生。）

2. 倾听。很多年前，在我的一门本科生课上，一道简单的问题就能激起热烈的反应。但那天，99名平日喋喋不休的学生却陷入了异常的安静；我又一次提出了我的问题，关于我们正在讨论的一首诗——仍然鸦雀无声。"怎么回事？"我问道；我不得不再次重复这道问题，因为讲台下仍是一片沉寂。当时，我们已经接近学期的尾巴。"你们是有很多作业要写吗？"我又补充了一句。每次回想到那堂课，最让我讶异的还是学生此时的回应。我听到了许多，想家、室友生病、考试的压力，还有持续不断的严寒。那堂课结束时，我身边围满了学生，他们还在跟我说，"谢谢你愿意倾听"，"谢谢你，留意到我们在这里——或者说，发现了我们有时候只是人在教室而已"。课后，我还收到更多的电邮，感谢我的关心。原来我们经常只顾埋头讲我们自己的，却从未觉察到教室内的温度。意识到这一点，我心头一阵自责。

46 奥赖利指出，倾听所帮助的，不仅有我们的学生，还包括我们自己："为什么侧耳倾听这个动作可以改变一个场景的能量，原因何在，我说不清楚，但我可以毫无保留地判定，它确实有这个结果。"[55] 倾听很重要，它能诱导学生的学习。卡尔·罗杰斯以学生为中心的教育方法可谓大名鼎鼎，然而根据布莱基等学者的论证，现在却为各路打着在线课程名义的提供商所盗名欺世。所谓以学生为中心的学习，目的在于增加学生对学习过程的控制。在罗杰斯看来，"沟通之根本"，在于"学生和教师之间的人际关系"："若是缺乏了这种人际关系，由程序技术所驱动的课程可为例证，学习的意义也就大大流失了"。教师，若要做到以学生为中心，就必须人在心也在（actively present）。进言之，这样的老师应表现出对学生的"积极的关注"——"无论他们在某一科目上是否取得成功"[56]。如果这听起来有些圣洁，或者有超然之嫌，那么我们事实上需要去做的——如我在那个期末冬日里所发现的——仅仅是去倾听。

（三）为课堂做准备

1. 调整节奏。博伊斯告诉我们，在备课时，我们要"微笑，面带苦涩的微笑"[57]。行文至此，我原本已准备结束这一章了——说得已经不少了——但博伊斯让我认识到，备课的过程若是越忙越乱，焦虑不安，我就越无法镇定地走进教室，更不可能在一场智识火花四溅的讨论中享受我的课堂："在备课时，我们总在拖延，等到拖无可拖时，就来场通宵达旦，有时甚至是马拉松式的。这种工作方式，不仅低效和伤身；它还是自欺欺人的，且会形成习惯依赖。"[58] 博伊斯在书中给出了"保持教学工作适量的八条规则",其中我最喜欢的就是前四条,分别是"(1)等待,保持耐心并且积极的状态;(2)及早开始,不要等感觉准备好了才动手;(3)将备课和试讲安排在短暂且常例的时段内;(4)在收获开始递减之前,停止工作"。[59] 博伊斯的论证令人心服口服,在他展示出遵守这些规则所能获得的收益后,却也让我心生疑问,为什么我们没有全盘采纳这些规则;在博伊斯看来,这是因为这八条规则需要操练,要求自我的规训,但我却有不同看法,原因是否在于这种可能——当工作成为一种享受时,我们会有负罪感。如果我们在动手备课前就能做到积极的等待,那么我们也就进入了"备课的准备时",在这种状态下,可以轻松愉快地整理各种观念;如果我们可以早些开始备课,而不必等到万事俱备,那么我们就无须从一开始就规划好备课的一切;如果我们可以在时机恰当时停止备课,那么我们就有了思考的余地,琢磨到底怎么做才能最好地呈现我们的观念。博伊斯主张说,"所谓积极的等待,其困难之处在于所需的耐心,首先是要有耐心去等待、去反思、去准备课堂上的观念以及其他材料,而不必坚持各项任务都要毕其功于一役,其次是要有耐心去暂停一次备课,把更多的工作交给明天,但在此间隙,要想象如何才能吸引住学生,使他们成为积极的学习者"。[60] 如博伊斯所言,"为了找寻观念",我们需要等待"甚至更久的时间",故而他倡导"耐心和宽容",当然首先是针对我们自己:

既然你不可能马上就想清楚，那就放松下来，乐观些，不妨给你自己一些暗示，试着动动笔，在写作中猜测一下答案。自由写作，或者重新写作。运用休息、思考以及短暂的工作时段，振作自己的精神，也保持自己的思绪。想象一下，当你呈现出你现在所准备的一切时，所有美好、有趣以及激动人心的都将会出现。[61]

2. 讲故事。这些年来，我参加过许多教学方面的工作坊，共同研讨如何做课程设计，如何评分才有意义，以及如何教大课，但即便如此，每当要设计一门新课或者筹划旧课的改版时，我仍会感到一股压力莫名袭来。只要想到明天课上要讲的各种文本，我的神经系统就不由自主地加速运转。整个学期，我会一直不断地调整教学大纲，希望能找出文本之间的逻辑及其秩序，让学生有充裕的时间完成课程阅读，并在一个课业繁重的教学周内尽量不布置新材料，最终发现一门课程最适宜的节奏。

这一年，我的焦虑又升级了，因为教务行政要求在课程大纲上写入"教学成果"这一项。去年，我就自以为是，在大纲上扯了几点，但现在——在教完上次课之后——那些"成果"看起来充满了嘲讽的意味。我是否应当向学生做出承诺，"你将成为一位有批判能力的阅读者和思考者，可以用口头和书面形式进行有效的交流"？或者说，我可以借用那门"文学批评与理论"的课程介绍,拿来重复一遍:"你将能够(1)学会理论的语言,不为其所吓倒,(2)从知识上掌握各门主要理论,它们会影响我们阅读文学的方式";抑或说,其他"成果"的许诺?我们的一位助教还曾在大纲上加了一句附条件说明:"如成功完成本课程,你将……"但这一警告说明仍无法解决此处的问题,即教学成果被设定为产品质量保证。在《大学何为?》一书中,科林尼的嘲讽可谓一针见血,在他看来,诸如此类的机制,"势必会把人类复杂且难以捕捉的成绩转化为某种类型的可量化的'数据'":

> 琢磨一下,有些现在我们已是张口就来的说法,比方说,大学必须要"确保"(assure)课程大纲的"送达"(delivery)……我们不需要动脑子,也知道教育是教育,比萨是比萨,两者之间压根不是一回事,这样看来,危险也就显而易见了,我们绝对不能鼓励用下单比萨的语言去对待一门课程的大纲,也不能放任学生用这种语言去进入课程。根据这种语言,所谓课程大纲,就是一个待着不动的东西,一种学生站在他们的思想门口,等待被送货上门的东西。[62]

也许我们可以做一调和——不仅把一门课当作商品来推销,而且要把课程当作故事来讲述。这种作为故事的课程,又会是什么样子？它又将如何提升我们老师和学生的感受呢？我们这些教师身处人文学科，自然都非常熟悉叙事，然而在其他学科，也存在着越来越普遍的认识，"人类是如何构建知识的，其方式是……通过故事的收集和故事的讲述"[63]。曾有研究关注了一门本科生阶段的生物学导论课，分析了四位不同老师对叙事的运用，研究者经比较后得出结论，对于那些在课上讲故事的老师，学生会感到与之相处"更轻松"，对他们的课程也能"更投入"。不仅如此，还有半数的受访学生"反馈说，故事有助于他们记住概念"[64]。对于学生来说，只要故事曾经激发他们"在讲课期间去思考"，他们便没必要记住故事的细节。一门课后，学生可以详细回忆起的场景，往往"不是幽默的段子，就是出乎意料的情节"，经由这一现象，研究者可以发现，"情感"能帮助学生"记住故事，也记住故事所传达的概念"[65]。

我们可以在一门课中讲故事，我们也可以把一门课当作一个故事来讲。既然我们都无法逃脱叙事的枷锁，瑟尔-怀特和克罗齐于是建议，我们不妨将"教学的过程"理解为"讲故事"[66]。他们指出，要在任何一个科目中发现"戏剧性"的素材，并不是什么困难的事："你所要做的，不过是把（这门课）想成是一个故事，一个要由你帮助学生去打开的故事。"[67] 所谓一个叙事，也就是"关于某一场景的一种描述，那个场景发生了什么样的一种变化，而那个变化又导致了什么样的结果"[68]。对我来说，把一门课程想成一个故事，并将之作为一种叙事来设计，这门课就有了它的内聚力和逻辑性，在故事的视野内，我也能发现课程的整全主题，将所有的部分全部关联起来。教学就是一场戏剧演出，展示我们的科目，也表现出我们对它的热情。故事会"令人满足"，瑟尔－怀特和克罗齐如是说，只要我们"有感情地对待观念，并通过感情把它们串联起来"[69]。

讲故事并不是做演讲；毋宁说，它是"嵌入场景内的叙事"。在讲故事的过程中，讲述者要观察学生的反应，根据不同的反应做出不断的调整（表情、节奏和细节）；换言之，听故事的人也"必须有能力参与到故事的创造中"，而授课老师也需要"留意学生当前的智识、身体和情感状态，据此调整他或她的教学方式"[70]。这种"嵌入场景内的叙事"的构想，就是"在实地教学和从书本里学习"之间的区别所在。[71]进言之，我还要补充一句，虽然技术能够传播叙事，但它不可能捕捉到在故事讲述中发生的"情感来往"[72]。这种来往交流，只可能发生在一种师生关系之内，一方面，教师"要随时感受课堂当下的能量，捕捉班级需求和兴趣之所在"，另一方面，"学生要观察眼前这位老师的言行举止，努力与之发生共鸣"[73]。弗利斯科和桑德斯发现，在前述的那门生物学课程中，"学生急欲同家人和朋友所分享"的那部分，正是故事。诚如该案例研究中的一位受访学生所言，"故事，就是你会自己随身带着的东西"。[74]

3. 拦截。直到去年，我在自己的课程安排上都没有要求

"课堂规矩"这一项，但我也发现，在上课第一天宣布某一项政策，实效可谓微乎其微。在我刚开始教书时，班上有学生交头接耳或者读报纸，都会冒犯到我，但到了现在，到底什么是学习的新技术设备，什么又会导致学习的分心走神，我们做老师的也无从区分开来。上个学期，我很痛苦地留意⁵⁰到，班上有一名学生，从讲台上看下去，她沉迷于用手机发信息：当她在研讨课上做报告时，甚至就在等待班级同学回应的工夫，她都会低头检查一下自己的手机。（我当即叫停，严肃指出这时候用手机会留下糟糕的印象。）关于手机问题，我曾同她谈过三次话，她甚至向我保证，"我住的地方距离学校不远。上你的课时，我也可以把手机留在家。"现在，我的课程大纲上已经明文写入了手机使用的政策。下个学期，我还会增加笔记本电脑在课堂上的使用政策。关于笔记本电脑的使用和学生的课堂表现，法里·莎那等人曾进行过令人信服的实验，结果可以表明，当学生在课堂上用笔记本电脑做多任务处理时，不仅会影响到使用者本人的表现，还会对他或她周围的同学造成更严重的影响。[75]

在我后来的一门课上，那位发信息成瘾的同学最终确实把手机留在了家里，并在课堂上成为一名热情的参与者；她曾告诉过我，她低头看手机，其实只是查时间而已。雷吉娜·康蒂指出，意志力强大的人们具有一些"技能和习惯"，使得他们能够进入全神贯注的状态（如我们在第一章中所讨论的，这是一种注意力高度集中的状态），而"其中的一种习惯就是要时常忘却时间。所以说，降低我们对时间的注意力，可以说是促进全神贯注的一种手段，它非常重要，但却往往被忽视"。[76]

(四) 评分

给作业评分，是我教学工作中最无乐趣可言的环节；我经常因此胃痛难忍。奥赖利的反应也颇为类似，只不过没那么严重："我最先发现的却是，这任务竟在不知不觉间带来如此大的身体压力。"[77] 很可能，如要减缓批改作业所带来的压力，方法就是重新设定作业，要确保作业不仅是评估学生的工具，而且对学生自己来说也是有价值、充满乐趣的活动。我的同事休·福斯塔蒂-扬（Sue Fostaty-Young）曾经对我说，在学生的眼中，作业就是课程本身；特蕾莎·休斯顿也写道，"学生在学习时，他们所根据的是他们在你课上的所为，而不是你自己的所知"。[78]

我已经发现，在布置作业时，允许学生由着他们自己的兴趣来做作业，最终所交上来的文章就更有趣，读来时常引人入胜，同时抄袭的作业也会减少很多。理查德·瑞安和爱德华·德西曾指出，这一策略培育了学生们"内在的动力"。"有一些人，他们的动力是真实的（也就是说，是发自内心或者自我形成的），还有一些人，他们只能说是由外部所控制"，这两类人之间存在着惊人的差异：前一类人拥有更多的"兴趣、激情和自信，也因此，这些人有着超越常人的表现、坚持和创造力……也有高于常人的精力……自尊……幸福感"。[79]

结 论

"慢饮食"运动把目光放在本地工匠身上，"面对来自标准化……和快餐的威胁，保卫饮食……的愉悦"[80]，而比尔·雷丁斯则关注"教学的场景"，要把我们老师从"大学的废墟"中挽救出来。两种"慢"之间可谓异曲同工，其间的意义值得细品。杰夫·安德鲁斯已经展示出，这个我们已经习以为常的"快生活"，归根究底，"植根于当代世界的全球化和信息社会"。[81] 在《谷歌大学》一书中，塔拉·布拉巴宗指出，我们当前将重点放在"知识之迅速传递"，早已压制了高等教育的多样性："标准的确认很可能就掩盖了 种同质化的命令。发生于澳大利亚佩斯的教育，本就应当有别于在纽约、布赖顿或者大阪所提供的教育。"[82] 布拉巴宗还特别指出，去全球化近期出现了诸多理论："当前，许多重要的理论和应用型研究都有待进行，它们的番号是批判文学、地方主义和去全球化，而不是对标准、同一性和同质性的简单粗暴的确认。"[83] 布拉巴宗还引用了维特根斯坦的观察，全球化"从来都以蔑视的态度去对待特殊的案例"。效法高等教育语境内的布拉巴宗，食品领域内的佩特里尼，在我心中，理想的教育方法也致力于捍卫"本地的、具体的、特殊的"，使它们远离速度，免于速度的推平效应。[84] 我也有一个梦想，有朝一日完成我的"快乐教学法宣言"，这份宣言书将拥有与史上首篇"慢饮食宣言"（1986 年）相同的副标题——"为了保卫快乐，并且以快乐为权利的国际运动"[85]。

注　释

1. Blackie, Margaret A. L., Jennifer M. Case, and Jeff Jawitz. "Student-Centredness: The Link between Transforming Students and Transforming Ourselves." *Teaching in Higher Education* 15. 6 (2010): 643.

2. Queen's University at Kingston, Ontario. "Teaching and Learning Action Plan." Feb. 2014. Web. 21 Feb. 2015. <http://queensu. ca / provost /responsibilities/committees /s/TeachingAndLearning ActionPlanMarch2014. pdf>

3. Andrews, Geoff. *The Slow Food Story: Politics and Pleasure.* Montreal & Kingston: McGill-Queen's University Press, 2008. 3.

4. Ibid., 36.

5. Burrell, Amanda, and Michael Coe. "Be Quiet and Stand Still." Conference pa - per, ANZMAC 2007. 3170. Web. 21 Feb. 2015. < http://www. anzmac. org /conference_archive /2007 /papers/A%20Burrell_1a. pdf>

6. Barcan, Ruth. *Academic Life and Labour in the New University.* Burlington, VT: Ashgate, 2013. 15.

7. O'Reilley, Mary Rose. *The Peaceable Classroom.* Portsmouth, NH: Boynton /Cook Publishers, 1993. 69.

8. Brooks, David. "The Waning of I. Q. " *Pittsburgh Post - Gazette* 17 Sep. 2007. par. 8

9. Paul, Annie Murphy. "Eight Ways of Looking at Intelligence." *The Brilliant Blog*. 10 Jun. 2013. par. 6. Web. 21 Feb. 2015. <anniemurphypaul. com / 2013 / 06 /eight-ways-of-looking-at-intelligence>

10. Damasio, Antonio R. *Descartes' Error: Emotion, Reason, and the Human Brain*. New York: Avon Books, G. P. Putnam, 1994. 226.

11. Ibid. , 45, 49.

12. Caine, Renate N. , and Geoffrey Caine. *Education on the Edge of Possibility*. Alexandria, VA. : Association for Supervision and Curriculum Development, 1997. 90.

13. Fredrickson, Barbara L. "The Role of Positive Emotions in Positive Psychology: The Broaden-and-Build Theory of Positive Emotions." *American Psychologist* 56. 3 (2001): 220.

14. Ibid. , 219.

15. Ibid. , 223.

16. Picard, R. W. , S. Papert, W. Bender, B. Blumberg, C. Breazeal, D. Cavallo, T. Machover, M. Resnick, D. Roy, and C. Strohecker. "Affective Learning: A Manifesto." *BT Technology Journal* 22. 4 (2004): 253.

17. Ibid. , 254.

18. Ibid. , 255.

19. Ibid. , 256.

20. Ibid. , 257.

21. Ibid. , 258.

22. Ibid. , 258.

23. Ibid. , 256.

24. Brennan, Teresa. *The Transmission of Affect*. Ithaca: Cornell University

Press, 2004. 73.

25. Ibid. , 62-3.

26. Ibid. , 23.

27. Ibid. , 18.

28. Ibid. , 65.

29. Ibid. , 7.

30. Beard, Colin, Barbara Humberstone, and Ben Clayton. "Positive Emotions: Passionate Scholarship and Student Transformation. " *Teaching in Higher Education* 19. 6 (2014): 637.

31. Ibid. , 632.

32. Ibid. , 631.

33. Ibid. , 638.

34. Barsade, Sigal G. "The Ripple Effect: Emotional Contagion and Its Influence on Group Behavior. " *Administrative Science Quarterly* 47. 4 (2002): 645.

35. Ibid. , 670.

36. Ibid. , 644.

37. Brennan, Teresa. 2004. 62.

38. Fredrickson, Barbara L. "The Role of Positive Emotions in Positive Psychology: The Broaden-and-Build Theory of Positive Emotions. " *American Psychologist* 56. 3 (2001): 222.

39. Ibid. , 223.

40. Hanson, Rick. *Hardwiring Happiness: The New Brain Science of Contentment, Calm, and Confidence.* New York: Harmony, 2013. 20.

41. O'Reilley, Mary Rose. *The Peaceable Classroom.* Portsmouth, NH: Boy-

nton /Cook Publishers, 1993. 50.

42. Showalter, Elaine. *Teaching Literature*. Oxford: Blackwell Publishing, 2003. 17.

43. Palmer, Parker J. *The Courage to Teach: Exploring the Inner Landscape of a Teacher's Life*. San Francisco: Wiley Jossey-Bass, 1998. 17.

44. Burrell, Amanda, Michael Coe, and Shaun Cheah. "Making an Entrance: The First Two Minutes Can Make or Break a Lecture." Conference paper, ANZMAC 2007. 3170. Web. 21 Feb. 2015. <http: // www. anzmac. org / conference_archive /2007 /papers /A%20Burrell_2a. pdf>%

45. Ibid.

46. Barsade, Sigal G. "The Ripple Effect: Emotional Contagion and Its Influence on Group Behavior." *Administrative Science Quarterly*47. 4 (2002): 647.

47. Ibid. , 648.

48. Searle-White, Joshua, and Dan Crozier. "Embodiment and Narrative: Practices for Enlivening Teaching." *Transformative Dialogues* 5. 2 (2011): 4.

49. Ibid. , 4-5.

50. Ibid. , 5.

51. Ibid. , 2.

52. Weaver, Richard L. , and Howard W. Cotrell. "Ten Specific Techniques for Developing Humor in the Classroom." *Education* 108. 2 (Winter 1987): 170.

53. Beard, Colin, Barbara Humberstone, and Ben Clayton. "Positive Emotions: Passionate Scholarship and Student Transformation." *Teaching in Higher Education* 19. 6 (2014): 638.

54. Panksepp, Jaak. "The Riddle of Laughter: Neural and Psychoevolutionary Underpinnings of Joy." *Current Directions in Psychological Science* 9. 6 (2000): 184.

55. O'Reilley, Mary Rose. *The Peaceable Classroom*. Portsmouth, NH: Boynton /Cook Publishers, 1993. 49.

56. Blackie, Margaret A. L. , Jennifer M. Case, and Jeff Jawitz. "Student-Centredness: The Link between Transforming Students and Transforming Ourselves." *Teaching in Higher Education* 15. 6 (2010): 639.

57. Boice, Robert. *Advice for New Faculty Members: Nihil Nimus*. Needham Heights, MA: Allen & Bacon, 2000. 41.

58. Ibid. , 39.

59. Ibid. , 18.

60. Ibid. , 19.

61. Ibid. , 41.

62. Collini, Stefan. *What Are Universities For?* London: Penguin, 2012. 107.

63. Frisch, Jennifer Kreps, and Gerald Saunders. "Using Stories in an Introductory College Biology Course." *JBE: Journal of Biological Education* 42. 4 (2008): 167. Web. 21 Feb. 2015. <http: //www . academia. edu / 250488 /Using_Stories_In_An_Introductory_College_Biology_Course>

64. Ibid.

65. Ibid.

66. Searle-White, Joshua, and Dan Crozier. "Embodiment and Narrative: Practices for Enlivening Teaching." *Transformative Dialogues* 5. 2 (2011): 8.

67. Ibid. , 9.

68. Ibid. , 8.

69. Ibid. , 8.

70. Ibid. , 10.

71. Ibid. , 10.

72. Ibid. , 9.

73. Ibid. , 11.

74. See n65.

75. Sana, Faria, Tim Weston, and Nicholas J. Cepeda. "Laptop Multitasking Hinders Classroom Learning for Both Users and Nearby Peers. " *Computers and Education* 62 (2013): 24-31.

76. Conti, R. "Time Flies: Investigating the Connection between Intrinsic Motivation and Time Awareness. " *Journal of Personality* 69. 1 (2001): 21.

77. O'Reilley, Mary Rose. *The Peaceable Classroom*. Portsmouth, NH: Boynton /Cook Publishers, 1993. 74.

78. Huston, Therese. *Teaching What You Don't Know*. Cambridge, Mass: Harvard University Press, 2009. 60.

79. Ryan, Richard M. , and Edward L. Deci. "Self-Determination Theory and the Facilitation of Intrinsic Motivation, Social Development, and Well -Being. " *American Psychologist* 55. 1 (2000): 69.

80. Andrews, Cecile. *Slow Is Beautiful: New Visions of Community, Leisure and Joie de Vivre*. Gabriola Island, BC: New Society Publishers, 2006. 17-18.

81. Ibid. , 30.

82. Brabazon, Tara. *The University of Google: Education in the (Post) Information Age*. Aldershot, Hampshire, England; Burlington, VT: Ashgate, 2007. 208.

83. Ibid. , 208.

84. Ibid. , 208.

85. Andrews, Geoff. 2008. 29.

第三章
研究与理解[*]

> 并非所有算数的东西，都可以被化为数字来计算。
>
> ——科林尼[1]

我至今还记得童年时的一段往事，有一次在百货公司，我正好碰到了促销的拼图竞赛，于是迫不及待地报名参加了。我是那种没什么玩具的小孩子，所以想到有可能赢得免费的奖品，实在是天大的诱惑。我已经记不起奖品到底是什么了，但还清楚地记得，我没有拿到。眼睁睁地看着其他孩子迅速地完成手中的拼图，我心中所涌起的那种可怕的惶恐感，自此后就保留在我的脑海中，挥之不去。而且，越是看到他们的惊人手速，我就越是落在后面。当比赛铃声响起时，看着手中拼图的可怜进度，我羞愧难当。我同另外几名孩子速度最慢。我在这里分享这件童年旧事，可不是为了博取诸位的同情（我已经走出去了，谢谢你们，虽然我确实不

---

[*] 本章由芭芭拉·西伯执笔。

喜欢拼图），而是因为，当我现在环顾四周，凝视当前的大学氛围时，这段记忆就会重新回来，浮现在我脑海中。写作本章时，正是在五月份，我听到学者（包括我自己）的声音，他们开始担忧，夏天会不会一转眼就过去。前不久，一位学生提交了她的硕士论文研究计划，读完后，我发现一定要问她一个问题，那就是，她是否读过作为这项研究之核心的一篇小说；她的答复如下："我已经见缝插针，零零碎碎读了一些。"还有一位同事，刚出版了她的第二本著作，目前正准备进入一个很重要的服务委员会，她向我坦言，自己已经开始担心明年的年度工作报告，到时候数来数去就"只有"研讨会论文，作为手头正在进行的学术研究的证据。以上种种症状，归根到底都是医学博士拉里·多西（Larry Dossey）所说的"时间病"（time sickness），这种病，就是"一种强迫性的信念，'时间在一分一秒流失，时间从来都不够用'"。[2] 如前所述，这种状况在学者群体中非常普遍，而大学的公司化又进一步推波助澜。虽然这种"病"会影响生活在社会中的每一个人，但学术因此受到的冲击是尤其严重的。

公司化的大学推崇工具主义和市场化，学者的形象也为之一变，被重塑为知识经济中的关键玩家。托马斯·波克林顿和阿兰·塔珀声称，"可以发现新事实的研究，才是加拿大的大学当前所看重的……现在主导大学科研的观念，已经不再是反思性的探索，这是一种复杂的过程，思考者经过训练，就重大的议题以及现有知识的品质进行反思，取而代之的，是前沿研究"。[3] 希拉·斯劳特和拉里·莱斯利曾著书立说，讨论了"学术资本主义"（将市场模式适用于大学）的问题[4]，基于这一概念，丹尼尔·科尔曼和斯马洛·坎伯雷利将加拿大当前的科研文化称为"科研资本主义"[5]，"压力……与日俱增，不仅要从政府和公司那里吸引外部的科研经费……而且还要生产出知识——首先（主要）由私人和政府部门设定好需求，再由科研所产出的知识来直接满足社会的这些需求和当务之急"。[6] 金斯伯格把话说得更尖锐：在"今日博雅之掌舵人"看来，"大学就等同于一个生产商品和提供服务的公司，只不过它们的主要产品碰巧是各种形式的知识，而不是汽车、电脑或者零部件"。[7] 即便我们学习科尔曼和坎伯雷利，把话说得更有分寸些，但他们也认为，把资源重点紧着那些可量化的、可应用的，以及可盈利的研究，"就会带来如下风险：原本，人学所承认、推动和奖励的学术活动是参差多态的，而现在这一切都可能被抹平或者受到限制"。[8] 贾尼丝·纽森分析了加拿大当前科研资助体系的结构，她的研究也确认了上述判断。对于我们这些身处人文和社会科学的学者来说，只能拿到科研资金蛋糕中很小的一块，这结论来得毫无讶异。不仅如此，无论是加拿大创新基金会，还是加拿大科研首席项目，均"要求大学在组织它们的科研优先时，应根据它们机构的战略规划，围绕着战略选出的焦点领域，而不应围绕着其他目标，比方说，

54

它们第一线科研人员和学术单位的智识兴趣和研究重点"[9]。一切就都昭然若揭了，既然现有的拨款结构不可能平等地服务全部的研究兴趣（即便在同一学科内部，也做不到），那么经费结构就塑造着当前及未来所进行的研究。日复一日，科研愈加滑入管理主义的模式，我们也越来越看不到正在做学问的学者，反而见证了对机构惟命是从的教员（关于管理主义的一个完整阐释，可参见[10]）。"过去三十年间"，我们都已目睹了"科研服务办公室的崛起，观察其人员组成，通常配备着一个由行政人员、会计师和公关人员组成的团队"。[11] 尤其应当说明的是，当管理主义包围学者后，学者的体验经常是精力和时间的转移及流失；例如，科尔曼和坎伯雷利指出，"高度的管理……偷走了原属真正科研的时间"[12]。

公司化，不仅赋予某些形式的知识以特权，压倒了其他形式，而且制造了一场同时间的竞赛，我们工作生活的品质以及我们学术的品格都因此大受影响。2007年，纽森曾同希瑟·孟席斯合作进行了一项学者调研，[13] 此后，在总结这项研究的发现时，纽森写道，"不论学科、性别或者职业阶段，在受访学者中，多数人清一色地表明，较之于他们进入学者职业的更早阶段，他们现在的时间更少了，没时间去进行反思性和创造性的思考了，同时，他们对学术文献的阅读和知识把握，比起他们之前或者所要追求的状态，都更狭窄了，也更局限于专业领域了"。[14] 学术劳动的诸般变化，既提升了期待，即如何才能算是一位有生产力的学者，同时又扩大了班级的学生规模，因而我们工作的任务描述也大大扩张。大学教员因此身陷一种自相矛盾之中。纽森"深信，在我们这个时代，一项最为迫切的当务之急就是……找到空间和时间，进行反思性、要下论断的批判性思考"。[15] 唐纳·帕尔莫特·佩尼也写道，"时间"是"我们最急迫的、基础结构层的（以及个人的和政治的）需要"。[16] 而科尔曼和坎伯雷利在他们合编的论文集《革新人文学科：以工具为视角》的后记里指出，"时间是作为人文学科研究的一种基础结构需求"：

55

> 大多数人文学者在开展他们的研究时，最需要的就是时间，这远超其他任何形式的资源。更何况，在时间与所产出之知识的品质或意义之间，也存在着直接的关联……科研机构和大学应该扩展"基础设施"的含义，如此一来，它所指的就不仅是大楼和技术设备，还包括研究时间津贴以及其他可以解放时间的支持系统。[17]

研究需要时间，我显然不是不同意这个观点，然而在我看来，科尔曼和坎伯雷利所提出的解决方案也是不可持续的。简单地说，我们不可能让所有学者都获得科研时间津贴。所以，如此的结构性变革提议必然会加剧科研文化的"阶级分层"——关于科研中的"阶级"问题，佩尼在他的那本论文集中另有专门论述。更关键的是，时间上的问题不可能通过更多的时间就能得到解决。科研休假也不会减缓时间压力。祈祷更多的时间，不过是一种集体幻想罢了。逃离时间压力的道路何在——要敢于打破公司化所设定的时钟，要彻底反思我们对时间的感知，反思对生产力的期待。正是这种期待驱动着我们，使我们感觉到时间从来都不够用。如果我们思考时间的单位只是已完成事项（就像近期的一条流行语所说，"一事完成，又来一事"），那么我们将永远不会有充足的时间。

本章的标题"研究与理解"，取自斯蒂芬·科林尼，在论述科研和知识生产的语言时，他曾给出切中时弊的警告。科林尼主张："以人文学科为例，务必……要反复强调，研究工作的目标与其说是'知识'（knowledge），不如说是'理解'"（understanding）；[18] "所谓发表……并不总是交流'新发现'，或者提出一种'新理论'。很多时候，发表是要表达关于某个题目新近取得的深入理解。这个题目，虽说世世代代都是为人所'知'的，而现在，某位学者个体通过大量的阅读、讨论和反思，对其获得了更深入的理解"。[19] 科林尼也曾写道，"所谓'知识'，一不小心就容易被想象成积累起来的货品"，[20] 而作为替代，科林尼提出了一种不同的理解，即关于"培育、激发、修正和扩展我们的理解"，[21] 但他同时亦承认，"任何一种抵制建议，为了防止我们滑入并深陷一种极尽功利的话语，看起来都如同螳臂当车，有时候甚至如自杀般决绝"[22]。在这里我们要说，我们在本书中就承担了这种风险。对于我们来说，"慢运动"打开了一条可能的道路，通向一套可作替代的话语。虽说全书的前提就是在"慢运动"影响下找到一条新路，使其既有益于我们个人的生活，也能促进我们职业实践的各个方面，但学术研究，在我们各方面的工作中，是受到最多审查的，也因此构成了最大的焦虑之源（我们会问自己，"我的发表还够吗?"，然而却不太会扣心自问，"我对本科生评奖委员会的工作是否尽责?"）。公司化的这套话语最关注科研的"产出"，我们工作的其他部分，比方说教学，都被等而下之；科尔曼和坎伯雷利于是感叹："教学和学习……正被日益视为发现或应用型研究的外围次生产品"[23]；T. C. 波克林顿和阿兰·塔珀曾合著《无处可学：为什么大学已经不灵了》，"忽视本科生的教育"[24]，就是两位作者在书中的一个核心观点。因为公司化的大学已经发起攻势，将（某一特定类型的）科研设定为学校的头等大事，所以也正是在我们工作中科研的部分，许多学者是尤其脆弱的。此处再借用科林尼恰如其分的评论——面对着公司化的语言以种种方式"殖民我们的心灵"[25]，这些学者已缴械投降。不仅如此，我还发现，正是因为在当前大学里，科研是能获得最多能见度的工作，所以科研也提供了一种异常肥沃的场地，让我们发起抵抗。我们到底要如何讨论我们的学术，无论是彼此之间的讨论，还是更公开的讨论。我们是能够选择的。我还记得，许多年前，我曾读到对本校某位政治理论学者的一篇访谈，在问题转入发表后，当谈到他最新出版的一本书时，我读出了极大的宽慰。当时他指出，写作这本书，花去了他超过十年的时间，这句话说得坦荡荡，毫无愧色。在当前效率第一的氛围中，诸如此类的公开表述，就是日常反叛的举动。

在科林尼的笔下，当下之学术生活是"心散意乱的、沉迷于数目字、为账目而焦虑、为项目经费而奔忙……早已同古典理想中的沉思生活相去甚远"。[26] "慢运动"可以把我们重新找回来，重新触及做学术到底意味着什么。抛开"我正在生产……"这套公司话语，我们可能会对自己或他人这么说，"我正在思考着……"，或者"我正在同……对话"，甚或是"我正在开心地探索着……"。事实上，将玛吉在上一章的论点，关于愉悦在教学中的意义，放到学术研究的语境内也同样切题。慢下来，就会以种种方式拓展我们思考科研何为，由此去挑战公司化的精神面貌。诉诸"慢运动"的语言，也将我们学者与一场更广大的政治和社会运动联系起来——所谓和则两利。我有一位同事曾告诉我，她只有在发现志同道合的食友时，才能转入素食生活。同样的原则在研究领域内也适用。当我们看到"慢下来"已经成为一场全球范围的运动，我们就又多了一股动力，而这种鼓舞尤为重要，因为要去挑战主导的科研模式是极其困难的；逆流而动，通常并不容易。所谓慢下来，就是要去主张沉思、贯通、磨砺和复杂的意义。它要为之正名的，是让研究需要多少时间就用多少时间，自然而然地开花结果，让研究者能够抵制催熟的加速压力。它要为之正名的，是把学术工作当作一种共同的追求，而不是一场竞争。它要为之正名的，还有定期的休息；这种理念认为，科研之运作并非如同一台机器；研究有它自身的节奏，其中就包括暂停稍息，也要经历一些看似没什么生产力的阶段。慢下来，就能让我们摆脱对年度工作总结的恐惧，转而思考，长远看来到底什么才是可持续的。更何况，可持续的意义，不只体现在我们的个体身上，还能扩展成群体的智识探索的活力上。已如前述，"慢饮食"运动之所以兴起，部分就起因于大型农业公司对环境的破坏。环保主义者投身于"慢运动"的政治，为我们提供了一种隐喻，生活在公司化之后的大学中，学者也应借此方式去思考科研文化的种种蜕变。我们可以认为，把重点落在可量化的、应用型的，以及可盈利的研究上，就会伤害智识的共同体（使个人、科系、学院甚至各个人学都陷入越来越严苛的竞争，永无止境），也会破坏智识的多样性。它推平⁵⁸了学者的工作，使得研究越来越同质化，甚至可能导致某些形式的学术探索濒临绝种。在《设计的本质：生态、文化和人类意图》一书中，环境学家戴维·奥尔比较了"快知识"和"慢知识"："所谓快知识，大致上是线性的；而慢知识则是复杂的，是生态性的"，[27] 慢知识"无论是塑造成型，还是调整校准，都要植根并契合于某一特定的生态和文化语境"，"其目的"在于"柔韧、和谐以及保卫互相贯连的诸模式"[28]。基于奥尔在"快"与"慢"之间的区分，尼古拉·佩鲁洛做了进一步的发挥，他将"快知识"比作某一"类型的思想超级市场……这种模式可以轻易复制，适用于其他任何地方：这是一种标准化和加盟经营的模式"[29]。这种科研的"超市"模式，就是公司化的大学所宣扬的，也是我们必须要抵制的。公司化的时钟只会越走越快，它不仅把我们的科研工具化，同时还会把知识生产的主体及其研究的"主题"对象化。速度的文化（及其连带的效率、生产力、适用性和移植能力的价值），就和一种伦理维度的时间观背道而驰，因为越是推崇速度，就越是夺占了存在和求知的其他可能方式。我自己的关注点，在这里一言蔽之就是基于关系去思考时间。这里所说的关系，既有和我自己的，也包括和其他人的。我记忆犹新，在一次大学组织的活动中，一位同事的高产科研记录获得表扬，发言者满脸笑容地说："她就是一台机器。"我在这里并不是要点评这位同事的工作；准确地说，我是在表达一种怀疑，这位研究者据以得到表彰的话语，是我所反感的。从中也可以看出，机器化的速度模式如何接管了我们对学术以及我们自身的理解。慢下来，就是一种伦理的输入。把自己当作一台机器来使唤，应当被认定为一种自我伤害（别忘记，在本书的引言章中，我们讨论了一些研究，它们记录了在不断升级的生产力期待和压力之间的关联）。进言之，像机器一样工作，就不太可能产生对他人的同情。在前一章中，玛吉曾引用玛丽·奥赖利的评论，过度工作会让我们"厌恶学生"[30]。奥赖利的观点还能被推而广之。如果说"厌恶"是一个感情色彩强烈的字眼，那么退一步来说，过度工作一定会让我们易妒忌，没有耐性，仓促了事。慢下来，反其道而行，就是要给不一样的人和不一样的方式留出空间。在此意义上，慢下来是一种伦理上的选择。 ₅₉

根据帕金斯和克雷格的定义，所谓"时间的伦理"，可分为"为己的时间（time for the self）和为人的时间（time for the other）"[31]。接下来，我将依次讨论这两种时间。在学术的语境内，"为己的时间"意味着什么？对我来说，这种时间的伦理意味着一种转变，在此前的主导观念中，时间是线性的，是可量化的，而现在，时间于我来说就是一种修成的过程（process of becoming）。也就是说，在我身上，时间并不是"履历上条目"的日积月累（在读研究生时，这曾是我们被反复灌输的），我正在努力去重新理解时间：时间在我身上，就是"我，作为一个思考着的存在，到底是谁"的一种展开。放宽视野，即我正在努力扭转我们的关注点，不再盯着产品（著作、论文和报告），而转向过程，我的理解是如何一路走到今天的。这当然不是说，书、论文和报告从此后就不写了（虽然它们的产量可能要降低），但在写作时，我的体验不再像以前那样，也就是说，这种转移注意力的方式就会减轻一些时间压力。雷丁斯曾提出一个问题，既适用于我们的学生，同样也能问我们自己，"要变成'有教养'

的人，到底需要多长时间？"，[32] 在这里，我把这个问题放在内心深处。在我们看来，时间是要花出去的，而且一去不复返。但是，将时间理解为"构成的，一种今日之我不同于昨日之我的修成过程"，这种"为己的时间"就把我们和我们所做的学术连接起来了，同时也构成对公司化模式的反抗。帕尔默曾著有《教学之勇气：探索教师生命的内在风景》，在这本影响深远的书中，他给出了一个深刻的判断，"好的教学不可能最终归结成技术；好的教学，来自教师之所以为教师的身份以及操守"[33]。在帕尔默看来，所谓教育，就在于"连接"（connectedness）[34]，而这一原则也和学术研究有关。科林尼曾提醒我们，学术是"一种人的活动，故此，学术之事，便与做学术之人不可分开……我们能否扩展我们的理解，不仅要基于我们现已理解的，还要取决于我们已经变成了何种类型的民族"[35]。学术的"发现"，要视乎是谁正在探寻；而探寻者是谁，反过来也要由她所发现的构成。如果我对思考采用一种完全工具主义的路径，那么我就会变得像台机器。而如果我变得像一台机器，我也就成了新自由主义膝下的臣民。诚如卡洛·佩特尼在《慢餐民族》中所言，"最好……能'浪费'一些时间——这不是说要荒废时间，好像在速度的信徒们那里，任何没用的东西就直接丢弃——而是说要把时间用在思考上，何不放下功利主义的指引，就'让你自己迷失'在思想中：去培养心灵的生态，你的存在会因之重生"。[36]

"为己的时间"和"为人的时间"是紧密相连的[37];事实就是,两者总是同在的,或反过来说,没有其中一者,你也无法找到另一者。帕金斯和克雷格曾指出,"快生活会导致分心走神,而这种快的心态也就会阻挡"我们"对他者的关注——包括其他的人,其他的地方,其他的时段"。[38]对于这一点,我们都能感同身受;比方说,一位同事发来他的文稿,若要详加回应,就要花费不少的时间,但在填表的逻辑里,这一切都无法登记在案。事实上,很多时候,讲伦理就意味着没有效率。这又是一种风险,但也值得背负在身。进言之,对于作为整体的学术而言,讲伦理也有深层的意义。在雷丁斯看来,思考这事,"不如说它归属于一种浪费的经济,而不是一种内部的核算经济"[39];思考"运转起来,它的功能与其说是要提供答案,毋宁说在于提出问题"[40]。关于"思考作为一种活动"[41],雷丁斯的上述理解,若是放在学者关于自身职业的工作描述中,当然应当排在开头的第一条,但这种理解也违逆了大学的公司化潮流。在公司化的逻辑中,我们应当尽可能地高效,找到一个研究问题,得到一种答案,将成果推向市场,能多快就多快。我们在思考时的开放性,同一种面对他者的开放,是关联在一起的。雷丁斯曾写道,"共同体的责任……既是我们都要去回答的,也是我们不可能提供出一个答案的"[42],因为"我们无法提前知道我们对他者的责任。要追问这种责任的根源,没有别的,仅在于我们之外还有他者,亦即那些不同于我们自己的人、动物和物种，而他者存在这一事实本身就呈现出一种无法计算的计算"[43]。雷丁斯在论述中曾提到人类以外的动物，在这里，我继续用他的例子来阐释我的观点——"慢学术"时间是如何讲伦理的。紧接上文，雷丁斯写道："若是我们相信，作为人类，我们可以预先知道人是什么，人之为人又意味着什么……这就迈出了通往恐怖主义的第一步，因为这么想也就意味着，我们可以知道什么是非我族类的，什么是我们对之不必负任何责任的，还有什么是我们可以去任意剥削的"。[44] 人之为人意味着什么，回答这样的问题，也就设定了"一种不在现场的脱罪抗辩"，在答案所设定的场景内，对那些尚且不够人类地位的物种，就可自由剥夺，而这一点，正是动物研究、批判动物研究，以及后人类理论共同指向的核心所在。我在这里所勾勒出的，是一种关联，一头连着学术探索的开放性，另一头则连着对非人类族类之他者在伦理上的开放性，而上述这种关联，也曾在作家简·斯迈利的笔下表现得栩栩如生。

小说《哞》(*Moo*)，出版于 1995 年，在对当代大学生活的审视中，这部小说加入了非人族类的角色。我第一次读这部小说，还是在上世纪的 90 年代末。掩卷沉思，这部小说有它的具体所指，它讨论的是某些坐落在政治和宗教上保守的美国中西部大学的困境。这些大学必须展示出它们的存在感，才能吸引"大型公司，潜在的巨额资金投资者"[45]。现在重读这部小说，"哞大学"不再是远观中的风景；这样的

61

大学实在是太熟悉不过了。读这部小说会发现，一方面，小说字里行间对所有出场的角色都保持着同情（在小说中，出场的各色人等包括本科生、政治和宗教立场各异的教授、管理人员、文员、企业巨头、当地农场主、马，还有最让读者难忘的一头猪，名叫厄尔·巴兹）；另一方面，小说则对运转中的体制横眉冷对：书中描述了大学公司化的种种后果，从班级规模的扩大，到人心孤单、开支削减，再到市场驱动的科研。整部小说将最锋利的笔端对准大学公司化对环境的破坏；事实上，斯迈利本人也曾有评论，在她的构思中，《哞》并不是一部校园小说，而是一部环境小说[46]。经济学家莱昂内尔·吉夫特博士，是整所大学薪酬最高的教员，在小说里，他牵涉到在哥斯达黎加的矿业开采方案；院长耶里内克博士则致力于他的"牛犊兔哺乳项目"[47]；而校方则在考虑一所捐资兴建的博物馆，以"表彰鸡的自然史以及现代鸡肉处理技术的荣耀"[48]。也正是在厄尔·巴兹这个角色上，小说提供了一种对照，一种在伦理意义上的反观——厄尔是一头猪，作为一个研究项目，厄尔被隔离起来，关在校园一处。在很多评论中，厄尔经常被理解为一种象征，折射出"一所大学早已忘记了大学的功能，且野蛮地发展着，毫无协调理念或现实制约"[49]。但是厄尔不只是象征，也不只是科学研究的对象：对于厄尔的生命和死亡，小说作者斯迈利投入了巨大的同情。在小说的第36章中，我们读到，在他的创意写作班上，蒂姆·莫纳汉博士对学生提出要求：

62

"重新写作你之前所选的故事，也就是说，代入另一个角色的视角，重写故事"，而他也警告学生："要谨慎选择……小动物的视角，会有很大风险"；这种"技巧……此前也有同学尝试过，但……结果无一例外，总是失败"[50]。然而，这种视角，却正是这部小说最成功的地方（紧接着的第 37 章，名为"厄尔的意见"，也是有意为之）。厄尔是一位"还长着脑子的个体"[51]。他是一个有感觉也有感情的存在，没有放弃自己的爱好（他喜欢围栏的整洁，喜欢被挠痒；他喜欢玩具，还喜欢收音机），他脑海中还留着清楚的记忆，"褐色的碎叶子，落满一地"和"在太阳照射下，还有些湿润的青青草地"[52]。重读后，我们感到斯迈利的小说就是一曲激情澎湃的抗议，笔锋对准了效率、生产力和市场转化等价值——那些公司化大学正在一一关闭的关系，在小说中被重新打开了；而回到雷丁斯那里，这是一种"责任"的关系，是对"他者——那些不同于我们自己的人、动物和物种"的"责任"[53]。

面对动物时，以他们为主体，而不是把它们当作客体，这种伦理介入的方式提供了一个例子，示范了"慢思考"应该是什么样子的（巧合在于，动物研究作为一个学术领域，恰是本书两位作者都特别感兴趣的）。但我们不应局限于前文的一事一例，此处可以得出的是一个普遍的判断：在公司化后的大学内，社会批判已是岌岌可危。罗伯特·哈桑曾写道，"在工具主义的眼中，世界大致就是如此这般，它所要做的，就是设法去发现在此世界内的生存手段，永远只是追求更高的效能和更快的效率"。[54] 转变已经发生，从前我们总是在提出并思考"为什么"，现在则应转为对"如何做"的思量。[55] 在论述高等教育的文献内，以上所述，关系到各路学者百家争鸣的焦点议题。

例如，纳斯鲍姆曾著有《告别功利：为什么民主需要人文学科》一书，在这部"忧思录"中，她充满焦虑：高等教育的公司化如果"继续下去，那么用不了多久，全世界的国家都将世世代代地制造出有用的机器，而不是完全的公民——可以独立思考，批评传统，并能理解他人的苦难或成绩"。[56] 关于大学公司化对民主和异见的攻击，吉鲁也有很多观察和论述。同样，玛格达·刘易斯也写道，"交流已经商品化"，同时"学术劳作……的强化也得到了普遍的承认"。大环境如此，学者的激励就是排除我们在千锤百炼后所修得的知识成果，所换取的，则是由无知所产出的更适于"推销"的平庸。[57] 此外，玛格达·刘易斯和玛格丽特·桑顿的关注点则更为具体，关于大学公司化对学术界内的女性主义的影响，她们分别做出了令人信服的论证，桑顿写道：

因为当前在评估学者时，一般而言会首先把她们当作新自由主义的主体，所以，女性主义的学者，如同她们的学术同行，都承受着一种期待，要去服务新的知识经济，而不是批判它。但女性主义和批判实出同源，这种关系也就意味着，批判空间的收缩必定会导致女性主义在学界的式微。[58]

虽然如桑顿所论，"人们总是认为，技术性、专业化和应用型的知识，可以作为信息来传递，因此并不需要被解释；它摆在那里，就一目了然"，[59] 但公司化大学所培育的知识生产类型，从根本上就有它的意识形态性。大学的公司化 "打着合理性、中立性和技术专业知识的旗号，但在它们的假象下，助长了学术界的重新男权化"[60]。人文和社会科学的 "价值被低估"，也因此 "导致了一种性别面向的劣势"[61]。

新发现、技术转移、知识经济、立项拨款、前沿研究、效率以及问责，凡此种种，都是大学公司化的语言，现如今，无论在大学内或外，这套语言都主导着学术研究的表述和规划。科林尼将这一套语言命名为 "刺激疗法"（Prod-speak）——多么巧妙的造词，它精准地捕捉到我们所感觉的那种痛苦！这一套公共语言，学者都已学会张口就能来。对于学者来说，我们始终承受着压力，要懂得操持这套语言求生存，而同这种压力时常相伴而生的还有一种心底的念头，认为这种语言不过只是装点门面的装饰。关于这种想法，我们都已听过太多类似的话，比方说，"学校的要求下来了，我们必须要回应，必须要整合我们系的研究兴趣，对接整个大学的目标。但不要担心，我们实际上做什么，一点也不会变。我们越快填好这份汇报，就能越快转回到我们手头的工作”。但是，今时学术研究的条件已不同以往，而变动所造成的结果也正真切地发生在我们眼前，如我们前文所述，其⁶⁴中的依据和政治意义是非常广远的。不仅如此，科林尼也一语中的：“我们在言行中越是惯用这套‘刺激疗法’的语言，我们在生活中就越不可避免地要与它共存”。[62] 在我看来，作为学者，我们已经集体高估了我们的能力，认为我们不会被公共语言所改变，认为我们要比这种语言智胜一筹，但殊不知，这已是老皇历了。而眼下业已发生的经验表明，日复一日，我们正在把这套“刺激疗法”的语言化为学者的内在。在本章余下的篇幅中，我将制定出可付诸行动的计划，目标在于挑战公司化话语的内化，我要改变每天在我身体内上演的对话，当我们在谈论研究（也可谓思考、阅读和写作）时，我们到底在谈论什么。写作时，我的心态并不是医生为病人出具诊断药方（在此借用帕尔默的话，仅有技术，尚且谈不上好的研究）；准确地说，下文所述的诸条声明意在提出种种可能的方法，如何能让我们的学术时间慢下来。或许，这些声明看起来稀松平常；而事实上，好的作品需要时间，诸如此类的观点，我不相信有同事会反对，没有人会不同意这样的观点。然而，作为整体而言，学者群体已经不再相信这种说法了——信者无法谋生存。一般而言，声明往往会招惹来恶搞，招来那些拙劣但滑稽的模仿（不妨参见在电影《全家救星》中，演员艾尔·弗兰肯所扮演的那个角色，有些蠢也有些萌，一位自助生活指南的信徒，"我好得不得了，聪明得不得了，滚，人们就是喜欢我"）。但是，之所以要在下文中逐一申明，是因为我们应当认识到，虽然作为个体，一位学者可能会理性地接受学术的真正关键在于质量，而非数量，但生活在当前的大学文化内，各种反面的信息连番轰炸，且各种要求源源不断地冲我们而来。要让这种观念沉淀下来，要真正信仰这种观点，远远不能是嘴上说说而已。

1. 一个字：等。霍勒斯曾建议，从写作到发表，等九年。我们都知道，我们并没有那么多的时间，但无论如何，"思想需要时间"[63]。诸如此类的话，我们会讲给本科生听，因为总是会有些学生出现在我们的办公室，希望立刻并且当场"拿到"他的论文评语；而同样的话，我们也必须要告诉自己，告诉彼此。我们必须承认，追求速度，就会使得所产出的成果不那么令人满意。因为我非常焦虑，总是担心自己的产出不够多，所以在还没有准备好之前，我就把一部书稿递交给出版社了。果不其然，书稿遭拒。我获得了一次学术休假，也因此有了完成项目所需的时间，最终，修改后的书稿有了一个完满的结局。还记得本章一开始我提到的那个研究生吧，她不是一名"坏"学生，远远不是。她所做的，只是多线作战，分饰多角，要修课，要完成助教任务，要赶各种项目申请的最后期限，才能启动一份研究计划。她小心翼翼，从笼罩着她的文化中寻找行动指引。研究生阶段既要面对经费的稀缺，还要承受工作前景渺茫的煎熬，故而这个群体尤其脆弱，特别容易成为速度文化的俘虏，与此同时，他们所面临的学者职业化的期待压力，却在与日俱增。科林尼对此曾有评论，"让每个人都如履薄冰，让他们承受'不早发表，就出局'的压力折磨，并不会提升我们智识生活的品格，就好像射精更快虽能增加"生产率"，却压根无助于我们的性爱生活。比方说，学者会因此避免投身大的研究工程，且年轻学者尤其如此，因为一旦进入这种状态，很可能接下来一连数年，在年度工作总结中都没有任何条目可填，但这样的研究有朝一日完成时，它的价值又绝非一连串填塞学术简历的小文章或者催熟的'综述'文所能比的"。[64]

2. 你好，影子！一篇论文发表了，一本书出版了，或者一份项目申请获批了，但通向这些成果的道路却经常并无坦途可言。我的一位同事曾如是说，简历之外，我们每一位学者都还有一份"影子简历"——那些走过的岔路、拖延和放弃，那些我们平时隐藏起来的"影子"，都会在这份"简历"中被一一列举出来。我们所有人都有一份这样的"简历"，对于"影子"里的经验，我们要有勇气谈笑风生。不仅这样，我们还必须记住，写作经常是一件非常困难的事，在写作过程中，总是会有一些时日，我们做不到下笔如有神。还有一些写作阶段，我们"内心的恶魔"[65] 会苏醒，它大声喧哗，宣告我们的观念毫无创意，构思惨不忍睹，是路人皆知的玩意；或者，我们忽视了某领域近期发生的重大转向；或者，我们的写作风格太过粗疏。一言蔽之，就是我们还不够好。当心头涌起这种惭愧时，大多数学者都会隐藏他们的感受。若是我们一时没收住嘴，道出了我们正在经历的挣扎，听者的回应也并非总是施以援手。我就曾见识过同事的回应，仍在喋喋不休，说着他们正在产出，而且进展迅速；当然还有一些同事更为体贴，他们会说，"总会有这样的日子，我们都曾有过这样的感觉"，但马上就会转换话题。这种回避和尬聊映射出我们所处的学术氛围，就是由生产力所催生的集体焦虑氛围。学者圈内流行追求卓越的文化，这也会让我们难以启齿，免谈我们所经历的挣扎。

3. 更多，并不一定就更好。简·奥斯汀一生"只"写了六部小说（按照 18 世纪的标准，没有一部能算长篇），但每一部都是传世之作。我们不妨在心中牢记科林尼对统计文化的批驳："我们并不测量［学术］；我们判断学术。理解其间的区别，身体力行之，是在学术事务上寻求智慧的第一步。"[66] 但残忍的真相却见于玛格达·刘易斯的笔端，她曾这样写道，当前的大学氛围"鼓励学者过度生产包装，为的是掩盖住内容的贫瘠"[67]。而且，范汉奈尔也曾指出，"在学术界，传统的评估品质的方式，是基于同行评审和行业判断，靠的是学术纪律的信条，但现在，这种方式正遇到挑战，新的方法重在科研行动的表现力，强调的是多面手、高效率和透明度"[68]。

4. 有些时候，更多确实就是更好。"三分钟论文竞赛"

（2008 年，澳大利亚的昆士兰大学首次发起这一活动），可以说是时代的一个象征：该竞赛的网站就引以为傲地自述，"一篇 8 万字的论文，要讲清楚需要 9 个小时。而他们的时间则限制在……3 分钟。"当然，保持简练是一种好的品质；当乔纳森·斯威夫特推荐友人亚历山大·蒲柏时，他是这样说的："他在一组对句内所能凝聚的意思/我用六组对句都做不到。"[69] 但我们都知道，蒲柏的诗历来都不是因短而著称的（毕竟，讽刺长诗《愚人志》，一共四卷，总篇幅超过了800 组对句）。之所以要简练，真实目的并不在于追求作品之短，不是为短而短；简练关注的是表达的明晰。简短本身并不是一种写作的美德。在当前的文化中，"圆润、感发的真理形态通行无阻，现在已经支配了所有沟通模式的场景"[70]，生活在这种时代，我们就必须要记住，要从价值上推崇厚重、复杂以及对快消耗的抵制。

5. 走路去图书馆。在《浅薄》一书中，尼古拉斯·卡尔指出，虽然数字化带来的好处林林总总，但数字时代也有消极的一面。研究表明，分析学术作品中参考文献的范围，数字化非但未能扩展引用，反而缩小了研究者的视野。只要读读我班上本科生的文章，这种现象便一目了然。检阅他们在文中对二手文献的使用情况，可以说是惊人地整齐划一[67]（那些在图书馆数据库中没有"可用全文链接"的文章，现在都无法进入学生的法眼）。虽然我对此早已心知肚明，但得知这种浅薄化已经渗透到学术界的各个层次，我还是不免惊讶。在《电子出版以及科学和学术的窄化》一文中，詹姆斯·埃文斯指出，"随着学术期刊过往文章的上网，通过商业贩子或者是在线免费，学术引证的模式也发生了转变。一方面，更久远的老文献变得唾手可得，但另一方面，近期的新文章反而能得到更多的引用；一方面，在网上可以获取的文章越来越多了，但另一方面，被引用的文章却越来越少，而且引用越来越多地集中在为数越来越少的文章上。"[71] 因此，埃文斯提出警告，"在线搜索是更有效率的，跟踪超链接，鼠标一点，就能让研究者接触到主流的意见，但这也会加速共识的形成，同时收缩研究发现以及相关理念的范围。"[72] 我们要做的，并不是快速地进入或抽离研究的过程，越快越好，不要有任何耽搁。我们需要在书架前徘徊，看一看我们能发现些什么，我们也需要留出一些时间来，"发现你在那种关键词搜索时……无法描述的东西"[73]。我们还需要留出时间，为了遇见朱利奥·艾尔维斯（Julio Alves）所说的"无意之间的知识：当我们不在寻找时却能发现的东西"，而学者作为一个群体，我们还要大声疾呼，重申图书馆的意义。

6. 闲读书。我们需要花时间，读一些并不是"必须要"读的东西。读书无法轻易量化，但不能因此认为读书无价值。当被问及"你今天工作了吗，都做了些什么？"若是我们回答说，"只是读了会儿书"，很多学者的语气中都会难掩愧疚。这让我记起在简·奥斯汀的《诺桑觉寺》中一处著名的段落，行文至此，是叙述者在为小说作家和读者辩护，嘲讽了流俗的文化标准："'你在读什么呢，女士—?''哦！不过是本小说！'那位年轻的女士回答说；此时，她放下手上的书，装作一副淡然的样子，或许还有片刻闪过的羞愧。"[74] 很多学者打心里觉得，读书——除非所读的书能与产出发表存在直接联系——不算是真正的工作，就是因为读书让人快乐。（我就曾问过自己，"读书真能算成工作吗?"）说到这里，阅读科林尼，又是一剂强心针。在《大学何为?》一书中，科林尼现身说法：为了迎接校方新官在各个学院的调研，科林尼接到通知，要在他的办公室里摆出"做科研"的模样："不用说，我陷入沉思，过了很久，琢磨到底什么样的生动场面最能表现出科研活动……最终，我意识到，若是我要表现'人文学科的研究'，那么很清楚，我就应该一个人孤单地坐着，手里捧着一本书。"[75] 科林尼还曾突发奇想，某一年度，他在年终工作报告上这么写，"重读了亨利·詹姆斯的全部作品，这一次特别关注并坚持读完了《金碗》"。[76]

7. 多读《哞》类写作。虽然我们在各自的领域内都很擅长分析，但在解读我们的职业时，我们却很难做出同样犀利的批判（时间如此紧迫，我们倾向于待在自己研究领域的小天地内，也是可以理解的）。霍尔劝告我们，要去"检视有关我们学术职业的文本，及其所包含的脚本、价值、偏见，以及行为规范"。[77] 就我个人而言，我已经发现，阅读此类对学者职业的观察分析，是很有帮助的，既可以让我把自身的经验置入某个情境中（原来，我并不孤独），又能帮助我在非常复杂的机构语境内做出更自觉的选择。

8. 跟从你的内心。确实，这听起来很鸡汤，那就说说写作吧。当写作的动力来自我们对某个问题发自内心的好奇时，即便此时此刻它还不是一个"热点"题目，我们的写作也能进入最佳状态。跟从内心，对研究生来说尤为重要。假设你正在写作自己的博士论文，题目是关于英国作家乔治·艾略特的。你心生一计，再找一位美国作家，进行比较分析——原因很简单，因为跨国主义在当下是"大"题目，但如果在写作时对选题的热爱无可取代（我们相信是如此），你的方法就未必是最优的，并且从长远看，你的策略也很可疑，因为要预判一个题目能在多长时间内引领学术风潮，即便不是不可能，也是非常困难的；学术时髦是非常善变的（顺便再说一句，即便在时尚界，现在也开始了"慢运动"）。近年来，研究生的教育已经走入歧途，看起来各种力量都在劲往一处使，逼得学生，哪怕还在硕士阶段，就要认领一个"领域"，然后把自己摆在这个领域内；而不是鼓励学生去规划自己的研究，以研究的方式同某一特定文本、文本群或者问题进行沟通。面对着大学为他们打造的氛围，研究生别无选择，只能仓促职业化，掌握那套所谓专业化以及研究发现的话语。在讨论学生的研究计划时，我们发现越来越需要向他们提出这个问题，"这个框架很平常，也很安全。但你所要讨论的具体文本是哪些?"事实上,我们不难发现,从"慢饮食"运动对地方性的关注,到"慢阅读"运动对文本细读的重视,其间存在种种暗合。埃文斯曾发表论文讨论数字化对学术的影响,他在文中指出,"当代的研究生教育也出现了这种发表上的转变——在时间上更短更快,在范围上更专业更狭窄,但最终积累而成的却不再是一篇真正的博士论文,准确地说,更像是一部论文拼盘的合辑"。[78]虽然到底怎样才算一篇"真正的博士论文"还有待讨论,但我们确实已经看到,研究生教育越来越讲求效率,越来越推崇培养的模式化。

9. 常言道,保持平静,继续写作。为了我们的幸福,也为了我们学术的品质,我们必须要抵制住诱惑,不要用其他人的成果来衡量我们的"产出",我们要学会接受一个事实,学者的人生轨迹各有起伏,各不相同。按彭尼所述,"在一种士气已然低落的工作场所内",我们必须想方设法,思考如何做才能去对抗这种"精气神的亏空"[79]——之所以造成这种局面,部分是因为一种"名声的拜物教","更资深一代的教授,他们已经掌握了连续投放的科研经费或者更近期的重大立项,特别是研究能展示出多方合作者、可以量化的成果,以及第一时间的媒体报道",还有一些知名学者,"在行政化的高端评奖中,他们的工作自带帽子的光环"。[80]说这么多,并不是要从拿到立项拨款的学者那里去均贫富,而只是提醒我们自己,我们不应该把学术的价值降格为项目的那些钱。彭尼新造了"4A综合症"这个词[81]，根据加拿大社会科学和人文研究委员会的项目评级，评定为"4A"，就是指一个申请虽然"值得"资金资助，但还够不上完全值得。用"4A综合症"这个说法，彭尼希望表达出项目评审对申请人的伤害："你所拟的研究计划'虽然很好，但未获经费资助'，你需要多少次收到这样的通知，要多少次，才能让你心灰意冷，不愿再试?"[82] 还有些项目申请被评定在4A之下呢，这些研究又要怎么办? 这样的研究是否值得继续做下去? 显然，这个问题的答案是肯定的，或者说应当是肯定的。就我个人所知，就有好几本书从一开始就被认为"不值得立项资助"，但作者还是把它们写了出来，最终在学界影响深远。不仅如此，我们还必须时刻牢记，"科研经费也是讲政治的"[83]，关于这一点，本章前面已有所述及。

　　"新自由主义的议程"，诚如范汉奈尔以及众多学者所言，"背离了学者做研究的理想，发现、探索以及知识推进，作为学者的理想，原本附着于他们的研究努力，现在却一一被放弃"。[84] 新自由主义的意识形态正在霸凌科研文化，与此相关的还有同事文化的急剧流失。关于这个问题，我们将在接下来的一章中加以探讨。两方面相互呼应，构成了一种恶性循环。随着学者越来越孤单，相互隔离，学者也在变得越来越顺从，因为任何对学界之公司化的抵抗，看上去都是徒劳无益的。

注 释

1. Collini, Stefan. *What Are Universities For*? London: Penguin, 2012. 120.

2. Honoré, Carl. *In Praise of Slow: How a Worldwide Movement Is Challenging the Cult of Speed*. Toronto: Vintage, 2004. 3.

3. Pocklington, T. C., and Allan Tupper. *No Place to Learn: Why Universities Aren't Working*. Vancouver: University of British Columbia Press, 2002. 7.

4. Slaughter, Sheila, and Larry L. Leslie. *Academic Capitalism: Politics, Policies, and the Entrepreneurial University*. Baltimore: Johns Hopkins University Press, 1997. 8.

5. Coleman, Daniel, and Smaro Kamboureli. Preface. *Retooling the Humanities: The Culture of Research in Canadian Universities*. Ed. Coleman and Kamboureli. Edmonton: University of Alberta Press, 2011. xvi.

6. Ibid. , xiv.

7. Ginsberg, Benjamin. *The Fall of the Faculty: The Rise of the All-Administrative University and Why It Matters*. Oxford: Oxford University Press, 2011. 168.

8. Coleman, Daniel, and Smaro Kamboureli. 2011. xvi.

9. Newson, Janice. "The University-On-The-Ground: Reflections on the Canadian Experience. " *Reconsidering Knowledge: Feminism and the Academy*. Ed. Meg Luxton and Mary Jane Mossman. Halifax: Fernwood, 2012. 108.

10. Ibid. , 101.

11. Coleman, Daniel, and Smaro Kamboureli. 2011. xiv.

12. Coleman, Daniel, and Smaro Kamboureli. Ibid. , 2011. 265.

13. Menzies, Heather, and Janice Newson. "No Time to Think: Academics'

Life in the Globally Wired University. " *Time & Society* 16. 1 (2007).

14. Newson, Janice. 2012. 121.

15. Ibid. , 122.

16. Pennee, Donna Palmateer. "Taking it Personally and Politically: The Culture of Research in Canada after Cultural Nationalism. " *Retooling the Humanities: The Culture of Research in Canadian Universities*. Ed. Daniel Coleman and Smaro Kamboureli. Edmonton: University of Alberta Press, 2011. 73.

17. Coleman, Daniel, and Smaro Kamboureli. 266.

18. Collini, Stefan. *What Are Universities For*? London: Penguin, 2012. 77.

19. Ibid. , 123.

20. Collini, Stefan. *English Pasts: Essays in Culture and History*. Oxford: Oxford University Press, 1999. 237.

21. Ibid. , 238.

22. Ibid. , 239.

23. Coleman, Daniel, and Smaro Kamboureli. 2011. xvi.

24. Pocklington, T. C. , and Allan Tupper. 2002. 6.

25. Collini, Stefan. *What Are Universities For*? London: Penguin, 2012. 95.

26. Ibid. , 19.

27. Orr, David W. *The Nature of Design: Ecology, Culture, and Human Intention*. Oxford: Oxford University Press, 2002. 40.

28. Ibid. , 39.

29. Perullo, Nicola. "Slow Knowledge. " *Slow* 57 (2007): 19.

30. O'Reilley, Mary Rose. *The Peaceable Classroom*. Portsmouth, NH: Boynton /Cook Publishers, 1993. 50.

31. Parkins, Wendy, and Geoffrey Craig. *Slow Living*. Oxford: Berg,

2006. 47.

32. Readings, Bill. *The University in Ruins*. Cambridge: Harvard University Press, 1996. 25.

33. Palmer, Parker J. *The Courage to Teach: Exploring the Inner Landscape of a Teacher's Life*. San Francisco: Wiley Jossey-Bass, 1998. 10.

34. Ibid. , 11.

35. Collini, Stefan. 1999. 237.

36. Petrini, Carlo. *Slow Food Nation: Why Our Food Should Be Good, Clean, and Fair*. Trans. Clara Furlan and Jonathan Hunt. New York: Rizzoli ex libris, 2007. 180.

37. Parkins, Wendy, and Geoffrey Craig. 2006. 47.

38. Ibid. , 4.

39. Readings, Bill. *The University in Ruins*. Cambridge: Harvard University Press, 1996. 175.

40. Ibid. , 160.

41. Ibid. , 192.

42. Ibid. , 187.

43. Ibid. , 187-9.

44. Ibid. , 189.

45. Smiley, Jane. *Moo*. New York: Fawcett Columbine, 1995. 21.

46. Nakadate, Neil. *Understanding Jane Smiley*. Columbia: University of South Carolina Press, 1999. 191, 195.

47. Ibid. , 154.

48. Ibid. , 245.

49. Schaefer, Judith. "Truth through Glass: The Windows of Moo. " *Notes*

on Contemporary Literature 29. 2 (1999): 3.

50. Nakadate, Neil. *Understanding Jane Smiley.* Columbia: University of South Carolina Press, 1999. 181.

51. Ibid. , 269.

52. Ibid. , 270.

53. Ibid. , 189.

54. Hassan, Robert. "Network Time and the New Knowledge Epoch." *Time & Society* 12. 2 /3 (2003): 229.

55. Menzies, Heather, and Janice Newson. "No Time to Think: Academics' Life in the Globally Wired University." *Time & Society* 16. 1 (2007): 92.

56. Nussbaum, Martha C. *Not For Profit: Why Democracy Needs the Humanities.* Princeton: Princeton University Press, 2010. 2.

57. Lewis, Magda. "More Than Meets the Eye: The Under Side of the Corporate Culture of Higher Education and Possibilities for a New Feminist Critique." *Journal of Curriculum Theorizing* 21. 1 (2005): 20.

58. Thornton, Margaret. "Universities Upside Down: The Impact of the New Knowledge Economy." *Reconsidering Knowledge: Feminism and the Academy.* Ed. Meg Luxton and Mary Jane Mossman. Halifax: Fernwood, 2012. 89.

59. Ibid. , 87.

60. Thornton, Margaret. "Universities Upside Down: The Impact of the New Knowledge Economy." *Reconsidering Knowledge: Feminism and the Academy.* Ed. Meg Luxton and Mary Jane Mossman. Halifax: Fernwood, 2012. 77.

61. Lewis, Magda. 21. 1 (2005): 17.

62. Collini, Stefan. 1999. 240.

63. Jönsson, Bodil. *Unwinding the Clock: Ten Thoughts on Our Relationship*

to Time. Trans. Tiina Nunnally. San Diego: Harcourt, 2001. 61.

64. Collini, Stefan. 2012. 127.

65. Rettig, Hillary. *The Seven Secrets of the Prolific: The Definitive Guide to Overcoming Procrastination, Perfectionism, and Writer's Block*. 2011. 21.

66. Collini, Stefan. 2012. 122.

67. Lewis, Magda. 21. 1 (2005): 20.

68. Fanghanel, Joëlle. *Being an Academic*. London: York: Routledge, 2012. 28.

69. Swift, Jonathan. "Verses on the Death of Dr. Swift, D. S. P. D. " *Jonathan Swift: Major Works*. Ed. Angus Ross and David Woolley. Oxford: Oxford University Press, 2003. 49-50.

70. Giroux, Henry A. *Education and the Crisis of Public Values: Challenging the Assault on Teachers, Students, and Public Education*. New York: Peter Lang, 2012. 104.

71. Evans, James. A. "Electronic Publication and the Narrowing of Science and Scholarship. " *Science* 321. 5887 (2008): 398.

72. Ibid. , 395.

73. Solnit, Rebecca. "Finding Time: The Fast, the Bad, the Ugly, the Alternatives. " *Orion Magazine*. par. 3. Web. 21 Feb. 2015. < http: // orionmagazine. org /article /a-fistful-of-time>

74. Austen, Jane. *Northanger Abbey*. Ed. Barbara M. Benedict and Deidre Le Faye. Cambridge: Cambridge University Press, 2006. 31.

75. Collini, Stefan. 2012. 146-7.

76. Collini, Stefan. 1999. 240.

77. Hall, Donald E. *The Academic Self: An Owner's Manual*. Columbus: O-

hio State University Press, 2002. xiv.

78. Evans, James. A. *Science* 321. 5887 (2008): 398.

79. Pennee, Donna Palmateer. "Taking it Personally and Politically: The Culture of Research in Canada after Cultural Nationalism. " *Retooling the Humanities: The Culture of Research in Canadian Universities*. Ed. Daniel Coleman and Smaro Kamboureli. Edmonton: University of Alberta Press, 2011. 68.

80. Ibid. , 67.

81. Ibid. , 80.

82. Ibid. , 66.

83. Lewis, Magda. 21. 1 (2005): 19.

84. Fanghanel, Joëlle. *Being an Academic*. London: York: Routledge, 2012. 82.

第四章
同事与社群

> 大学……应当示范什么？不仅是个人的成就，还有社会性的美德——也就是说，大学以何种方式运转它们的内部事务，这本身即是一种教育，教育我们懂得彼此之间的依存以及需要，教育我们如何获得社群生活所带来的认同感和激励感，以及能让我们在内部游刃有余地实现自我价值并找到归属。
>
> ——汤普金森：《我们现在的生活方式》[1]

在《坚强的执业者》一书中，托马斯·斯科霍尔特和米歇尔·特罗特-马西森摆事实，讲道理，最终做出判断：对于服务性职业的从业者来说，"心理健康"可以说是"一种伦理命令"[2]："关爱自己并不意味着迁就或纵容。归根到底，它是必需的，否则忧虑、煎熬和损伤就会找上门来。关爱你自己，不应被视为某种'加餐'，或者'如果有时间，你不妨去做做'的事，而是我们职业身份必然的要求"[3]。而根据斯科霍尔特和特罗特-马西森的分类，教授也被归入了服务行业的执业者。毫无疑问，当发现自己被分组归入"服务性"这个统称时，许多学者一定会感到不舒服（说实话，我们也曾如此）。对于我们的讶异说来也算正常，毕竟，在学术界的文化中，意识压倒了物质；无论是什么事令我们不爽，外部世界对我们的期待都是"站得高一些，超脱一些"；而且我们受到的训练也不是让学者彼此帮助，而是要互相竞争。进而我们也正在把这种文化传给下一代的学者。许多研究生项目都有一些新兵训练营的意思；面对刚招来的新兵，幸存者的待客之道就是战争的故事。在这里，我们一定要关注斯科霍尔特和特罗特-马西森的判断——他们认为，关爱自己是非常重要的，无论是为了个人的幸福，还是职业的活动。而在他们所倡议的自我关爱中，有一部分就是"社会性的支持"[4]：比方说，一定要把"积极情绪注入"工作场所[5]，或者"当我们和同事讨论工作时，一定要开诚布公"[6]。然而现实却是，如今要想在学术界找到这种社会性的支持，实在是越来越难了。一次工作坊讨论时，一位同事向我们感慨道，"我系里的走道总是空无一人，在我刚开始工作那会儿，可不是这样。同事之间的日常交流正在消失。每一个人都忙得不可开交"。另一位同事则评论道，"没有人在办公室。如果你在某个牵涉敏感的工作邮件中因遣词造句而为难，或者在某课程阅读的文献选择上拿不定主意，你在系里根本找不到一个同事，给你一星半点的建议"。为什么我们之间的交谈越来越少？为什么会有这么多学者在工作时感到孤独？这些问题都很重要。研究表明，若你在工作时感到孤单，"你对负面社会刺激的关注就会增加"，也会因此"形成对他人更为负面的社会印象"[7]；反过来说，感觉自己身处共同体内，则能帮助某一单位的成员去应对压力："当人们身处一种支持环境中，面对潜在的压力事件，他们就会不那么焦虑，不以之为威胁。"[8]

在前文中，我们已经反复讲过，大学公司化所导致的工具主义观，不仅是我们把时间当作工具，而且我们彼此之间也已互为工具。时间如此宝贵，所以一定要以能在统计系统内登记或量化的方式去安排时间，若不这么花时间就是浪费！院长的工作报告也不会包括这样的段落，"帮助一位同事弄清楚为什么某次讲课效果不佳"，或者"为另一位同事的新研究项目而加油"。在统计当道的大氛围中，诸如此类的活动属于"一种浪费的经济"[9]，再考虑到大学教员总在加码的工作负担，此类活动日渐绝迹，也就不足为奇了。你总得放弃某些事。诚如简·汤普金森所言，"任谁都没有时间……你总不可能在简历上写上'一次愉快的对话'"，也正是因此，"在大学里，智性的生活早已不复存在，即便有，也不过一星半点，因为人们都太忙了，忙着在职业道路上大步流星……没有时间停下来，彼此聊聊天"。[10] 在第二章中，我们讨论了关于时间管理的大量文献，其中有许多就是建议学者一定不要浪费时间"只是"和同事交谈。然而，人与人之间的交谈是非常重要的。斯科霍尔特和特罗特－马西森就主张，吐槽并不是牢骚：

> 职场上的吐槽……对于从业者来说很重要，尤其对于那些身处服务、教育或者医疗行业中的工作者，他们努力帮助别人，但也需要吐槽。执业者总是听到悲伤的故事。他们需要激励他人做出改变，哪怕内在动力严重不足，他们也经常工作在损耗、焦虑和痛苦的环境中。工作时，律师、医师、老师以及健康导师都生活在一片悲伤情绪的汪洋大海中。他们之所以能拿到手上的薪水，很大一部分原因就是，他们愿意在这种悲伤的海洋中工作。[11]

虽说并非每一间教室都是一片"悲伤情绪"，但我们几乎可以断定，许多教室充满了五味杂陈的情感：快乐、激动、恐惧、厌倦、愤怒、焦虑。很多时候，我们还会在自己的办公室内遇见悲伤：一位学生正在经历分手；一位学生的母亲刚去世；还有一位学生为了一个"B"而愤怒，因为这个成绩会使她没法进入医学院深造。还有一些时候，我们难免会遭遇到失望。比如，当我们打开电子邮箱，发现积多年之功完成的一部书稿却被出版社退回。但问题在于，在这些关键时刻，我们又能向谁求助呢？

大学的公司化，不仅改变了我们对学术时间的感知，还在不断加重我们的工作负担，而学术聘任的结构也是今时不同以往。在大学里，一方面临时的学术劳工越来越多，而另一方面，科研经费本已庞大的规模还在不断膨胀。身处目前的境况，学者所收到的激励信号就是要变成企业家，用经营的方法去处理他们的研究，时刻准备着给他们的资产加杠杆，要尽可能地“人往高处走”，而不是“绑定在”某一所大学。在我们中间，最脆弱的是那些拿聘用合同工作的教员，他们最容易为孤单所俘获。很多年前，在系里的一次招聘委员会上，本书的一位作者评审了一封求职申请书，这位 74
申请人早已在系里做过老师，短期聘用的那种——但她却不认识他，听都没听过！

在《快餐国度》一书中，埃里克·施洛瑟写道，“快餐工业不仅改变了美国人的饮食，还改造了我们的风景、经济、劳动力，以及大众文化。快餐及其带来的各种后果已经变得无可逃避，无论你是一天两顿快餐，还是尽量不吃，或者是从来连 口都没尝过”。[12] 这一转变，在我们的大学和本科学院内也是一览无余。诚如吉鲁所言，“随着高等教育的公司化……大学校园……看起来更像是购物中心”。[13] 不仅是看起来像，甚至它们也会产生像在购物中心的体验。现如今，我们匆匆走进院系，就是为了取走我们的邮件，或者是参加一次会议，然后就尽可能快地离去。这样的人，即便不是大多数，也为数众多。新技术的运用普及，也使我们变得有可能这么做。有些学术仪式，此前曾被认为是构建共同体所不可缺的，现在也在衰落中。博士论文答辩可以通过电话会议来完成，而且这种方法目前受到欢迎，因为它能节约成本，也非常高效。现在，甚至连学术研讨会也有沦陷的危险，不再面对面，而变成远程的屏幕关联。在近期一场我们两位作者都参加的研讨会上，有一位大会发言人用 Skype 网络电话完成了他的报告，原因他也没有讳言，那便是他把日程搞混了。在报告的整个过程中，各种可想而知的技术困难让我们无法听清他的文章，发言完毕后，也没有机会同他交谈。他的发言没有因无法出席而取消（而且议程已经是满满当当的了）。单从这个事实即可看出，在这个互联时代，现实的接触已经是可有可无的了。雪莉·特克尔的著作《在一起孤独》就很好地概括了这一观念："由网络连接着，我们是在一起的，但是，我们相互之间对彼此的期待已经降到了微乎其微，因此我们每个人都感到了彻底的孤独。而且，现在还出现了一种风险，那就是我们开始将其他人视为按需接触的物件——而且只是为了我们认为能为我所用、给人安慰或者提供消遣的那些部分。"[14]

有人指出，大学俱乐部的衰落就是高等教育公司化的症候。在当前经济紧缩的环境下，分配资源时，不太可能去考虑重新振兴大学俱乐部。不仅如此，只有大学俱乐部这栋大楼的存在，很难说就能解决我们所认定的问题。在网络互联的"新体制"内，我们正在丢弃我们的位置；校园目前是一种"社会集群的场域"[15]："这一'场所'，曾经是由一处物理空间以及位于此空间内的众人所构成的。现在问题是，如果那些人只是身在校园，却心在别处，这场所又有什么意义呢？"[16] "慢运动"规劝我们，要慢下来，将自己沉浸在所在地的文化里，可我们自家的院系却是人未去楼已空，连个人影也见不着。院系的走廊里空空荡荡，因为我们都在别处工作；而我们之所以在别处工作，又是因为院系里空无一人。即便是院系"事务"也不再能把我们聚在一起了。大部分的讨论都已转移至群发电子邮件或者网络论坛，即便在召开会议时，人们也是"人在，而心不在"[17]。诚如特克尔所言，"在用纸写信的世界里，若一位同事在开会期间读他收到的来信，就构成了非常不礼貌的举动。但在新的交往礼节中，你们坐在彼此面前，但却对彼此视而不见，自顾自地接听手机来电或者回复短信，这早已是见怪不怪了"。[18] 确实，在院系会议、同事退休仪式或者毕业典礼上，抱着手机回复信息，我们早已司空见惯。这到底是怎么回事？齐格蒙特·鲍曼（Zygmunt Bauman）曾指出：

> 有一种隐藏的功能，为手机所有，但却为电子邮件所不能，有了手机，即便身体此时刻仍沉浸在某场所内，但讲话者却可以用手机选择从该场所撤离……不仅如此，手机还给讲话者提供了一种按需取用的便利，可以把他们的走神显示出来，甚至是公开表现……很显然，面对面的接触现在只有等而次之的意义。[19]

设想一下，在同我们交谈时，一位同事却低头回复手机短信，此情此景，我们就很难感受到自己的重要。谢莉·泰勒曾指出，"所谓社会性的支持，就是指如下的感受或体验，一个人得到了他人的关注，受到尊重和重视，并且构成了社会网络的一部分。在这个网络中，人与人之间相互帮助，承担着相互的义务"。[20] 特克尔也认为，之所以转向数字交流，这是同我们的恐惧有关——要控制人在现场的当面交流，总是更困难的。即便是打一通电话都会更有风险，因为电话要比短信或电子邮件更难即时掌控。[21] "我们宁可发信息，也不愿打电话"[22]——即便要交流的那个人就在走廊的另一头，可或许越接近，越怕交流。尤其是在当下这个时刻，学术场所内连空气中都飘散着消沉、疲惫和竞争，特克尔的分析真可谓切中时弊。按鲍曼的解释，手机方便我们去展示撤离，而之所以要展示撤离，既是忙碌文化导致的病症，也是因忙碌导致的一种防御姿态。

当《在一起孤独》快要结束时，特克尔讲述了她的震惊，她竟然看到有人在葬礼上发短信。她很困惑，于是同朋友提及这件事，"好几位耸耸肩。一个人说，'那你还能怎么做呢？'"特克尔接下来写道，"耸肩的动作，适用于僵持的局面。但我们现在还没到这地步。如果说我们现在就已经走入了死胡同，那就把话说得太早了。"[23] 本书的一位作者曾提出在院系开会时发短信的问题，收到的回应也是一样的；一位贴心的同事说到，"我同意，这种举动令人生厌，但你又能怎么做呢?"我们又能怎么做呢？我们要做的，就是讨论这个问题。我们要做的，就是当有人果真不惜时间，全神贯注地在场时，我们应当用心体会自己的感受。这些慷慨之举能带来真实的沟通，由此可以引导我们做出批判性的反思，问一问自己，当下的大学氛围是如何伤害人际关系的。特克尔的书如同一部警世恒言，论述了技术无限的刺激潜能，她在书里写道，"当我们问自己，什么是我们所'怀念'的，我们可能就会发现，什么是我们所在意的，什么是我们相信值得去保护的"。[24]

我们愈发清楚地认识到，我们正在失去的，是一种以同事之道相处的感觉，但我们也无法确定，到底怎样做才能把这种感觉找回来。为什么讨论同事关系竟是如此之难，部分原因在于，这个概念可以用来伤人。高谈同事之道，可以用作一种烟幕弹，那些发生在终身教职评审和职称晋升决定中的歧视，也就遮蔽在这些话语中了。博伊斯在他的书里给新教员支招，细品他的建议，我们心中立刻生出一股寒意。按博伊斯的告诫：新人如要"因为社交问题而失败"，那很简单，"你只需摆出一副高冷且不合作的样子"[25]。同事相处有可能破坏学术的自由，搞成某种整齐划一：那些建议手册则一本甚于一本，甚至建议你在着装上都要模仿你的同事。而本章接下来要做的，并不是要将同事相处（或者着装规范）增补为教学、科研和公共服务的一项标准，以此评价一位学者的工作；也不是要搞出一套礼仪规范，如同"同事评估模型”所列举的“应遵守的行为”[26]，其中包括“在需要时，顶上前去”和“赶期限，勿拖延”[27]。但是，我们也同意琳达·哈钦的判断，她指出，尽管“在对个体学者进行职业评价时，同事相处作为一种主观的标准存在种种问题”，但我们“不应当忘记，同事之道还是一种学术群体意义上的理想和现实，也不应放弃这种同事相处所能带来的非常真实的积极价值，无论是在为学意义上，还是为人意义上”。[28] 1991年，现代语言学会出版了《新进教师发展手册》，在这本手册中，唐纳德·贾维斯调研了美国八所大学和本科学院，访谈了超过一百名大学教员，得出了以下研究发现。“按照你的想法，为了最好地促进年轻教师的发展，你认为什么是应当要做到的?”在回答这个问题时，89%的受访者认定是同事关系，它超过了所有其他的因素，如学术资源和培训。[29]共有63%的人认为，在他们的职业发展中，同事关系是最重要的因素，[30]而在“激发思想”的因素上，44%的受访教师选择了同事之间的交流，高于这一比例的只有读书（51%）。[31]50%的受访教师认为，缺乏同事交流不利于职业的发展。[32]这些百分比数据可以表明，同事关系实在是太重要了!

霍尔著有《学术的自我》和《学术的共同体》两本书，其中均探讨了同事关系的议题。根据霍尔的建议，为了养成良好的同事关系，学院可以组织工作论文系列研讨、教员报告会、学术漫谈以及读书会。霍尔所述的应对方案，在相关建议中很有代表性，如他所言，"不需花费什么，只不过是时间和精力的投入……即使很便宜，这些活动还是能给同事提供许多机会，将自身投入所在的共同体"。[33] 霍尔的这一席话本意在鼓励士气，但结果却会适得其反，这也彰显出在这类讨论同事关系的文献中所固有的问题。怎么能说"只"需要时间和精力呢，难道它们不正是我们现在最稀缺的吗？霍尔信心十足，在他看来，只要我们做好安排，将公共服务、共同体建设与教学科研等量齐观，把它们也安排在我们的每周工作日程中，[34] 学术的共同体就会随之出现。但正如我们在第一章所探讨的，时间管理的手账，并不是答案。更何况，霍尔的建议沿袭自助话语的路径，强调个人责任。但问题在于，个人责任还可能滑入一种谴责：比如，他写道，"只是因为其他人未履行责任在先，并不能让你摆脱所要做的"，[35] 或者"如果我们不喜欢院系的气氛，如果我们发现，我们的群体陷入了智识或教学上的怠惰和其他障碍，那么作为共同体的成员，我们也要为这种氛围承担一部分的责任"。[36]

显而易见，到此为止我们都寄望于学者个体的行动力，但我们同时也在反复自我告诫，切勿忽视了制度和政治的因素，它们设定了我们工作的条件和场景；大学校园可不是什么平等的游戏场域，在大学里，若是一位院长"未履行责任"在先，可不是一位新进教师"顶上前去"就能得到弥补的。不仅如此，即便是如果（现如今，这应当是一个以大写强调的"如果")我们能找到时间和精力，参加院系的工作坊、报告会、漫谈、读书会，这些策略也未必能保证成功。只有这一切发自于积极的情感时，它们才能见到疗效；否则的话，这些集体活动不过是进一步制造传染的机会，负面情绪会伴随着竞争甚至恐惧在同事中蔓延。

曾经，本书的一位作者听同行提起一门课，这门课有多位老师，大家讲授相同的文本，而且互相听课。之所以这样设计，既是为了追求教学上的目标，让学生得以见识批判视角的博大，也是为了促进同事相处，让每位教师都清楚同事在做什么。她至今还记得，听到这门课时，心头涌起一阵惊恐——当然，她并未把自己的不安表现出来，而只是含糊地说了几句，这么设计是很有趣的想法，不过制度上的制约也许会让执行变得很难。同样，还有多位同事曾向我们坦言，让他们在自家院系的工作坊上报告论文，比他们在现代语言协会上开讲还要紧张。我们不愿和学院同事交谈，因为我们会害怕，而这一事实本身就值得我们去反思。我们必须先行处理弥漫于当前学术生活的隔离和孤独氛围，不如此则不足以谈所谓的"教员报告会"体制。诚如汤普金森所言，若是"未曾先行关注交谈的社会和情感面向"，那么形式上的结构变化并不能"自动"生成同事交流。[37]

我们看到，一所大学的俱乐部竟落得空空如也，一个学期的论文工作坊做下来，也只能确证院系四分五裂的各种分歧，社交聚会也可能沦为自我推销的机会。身处当前的校园氛围，有些建议即便是用心良苦，但只要付诸操作，也很有可能将同事交往转变为"社会人"相互交换有销路的技巧。只要视同事为资源，也就关闭了交谈中的感情维度，将其他人变成了一张只会说话的嘴巴。苏珊·罗宾逊曾著有《最佳表演教授》一书，该书专设一章，讨论如何"同他人打交道"，如何进行"互惠互利的合作"。对于我们这些太害羞、不好意思参加社交聚会的学者，罗宾逊还专门给出建议，一定要想明白搞清楚从社交活动中"你想要获取……什么成果"；[38] 只要心头想着眼睛盯着这个目标，我们也就有了激励，同他人打招呼，记下名字，开始交谈，提出问题。按照罗宾逊的建议，当同事沉默时，我们可以主动提问，打破矜持，而在对方说完"很长一段话之后，要总结下他到现在为止说了些什么，以显示自己听得很认真"[39]。我们不妨想象面对一个让人恼火的谈话对象，但罗宾逊向我们保证，只要多加练习，我们就能想出更多有创意的对白梗概；比如，只有经年累月的经验才能让我们灵感一现，想到下面这样的对白："所以说，你特别喜欢你今年正在进行的工作，不过你还是想要在接下来的两年中发表更多的成果。"[40] 也许我们应该记住这个万能回复，等到下一次院系教员聚会时，拿出来用一用，就可以免除我们支着耳朵听的烦恼了。为了扩展我们的同行网络，罗宾逊给出一条建议，维系一个数据库，一个文件对应着一个项目，文件里记录着在本项目上"有能力帮忙的人选"。而且，我们还必须"时不时打扫"

一下这份文件，"如果某些联系人已经用不上了，提供不了互助了，那就清理掉他们"[41]。当我们想起同事这种群体时，我们不应该自我催眠，用"村庄"这个比喻来塑造我们对同事群的理解：按照我们得到的建议，"从你自己的村庄里发掘金矿"，同时还要"时不时把目标对准"其他的"村庄"[42]。这种军事—工业化的语言证明了如下事实，如果我们把同事相处视为虚拟网络人生的现实版，便会让现实不堪重负，把虚拟空间中的疏离和物化传染到现实生活中。想一想吧，我们可能出现在某个人的文件上（或者更糟糕，因为没有用或者用不上而被删除），是不是会心惊胆战。不仅如此，以上所述还确证了艾德里安·富兰克林的判断，如他所见，社交媒体之运用和社会孤独之间存在着关联。

富兰克林援引鲍曼，进而指出，虚拟的网络化已经传染了社会生活："'网络'代表着一种矩阵，它既在连接，同时也在去连接；若是没有'连接'和'去连接'这两种活动在同一时间被启动，网络是不可想象的。"[43] 在网络之中，"连接"总是同时隐含着"去连接"，所以我们放弃了社会关系，取而代之的是寻求某种隶属，它们可以"经要求而加入，也能任意解除"[44]。以鲍曼为中介，富兰克林指出，当前的社会孤独之所以表现得越来越强烈，就是因为"某种用后即弃的恐惧已经蔓延开来"。消费主义的社会"已经改变了我们组织起我们的个人主义的方式"[45]："所有的东西，包括人与人之间的关系，都已经被审美化了，要根据它提供美感、希望和愉悦的能力而进行评估"[46]；所有的关系，都应被理解为某种"等待另行通知"[47]。科格特等人曾发现，"在社交的网络化和孤独之间，存在着一种强烈的正相关"，而富兰克林在得出相似结论时，却反而不如科格特他们那般"惊讶"了。[48] 在我们看来，问题已是明摆着的，通过把虚拟网络的模式移植到面对面的相遇，试图以此实现同事交流，只会让我们变得更疏远。现如今交谈都被工具化了，而同事"要么被变成资源，要么就是前行路上的障碍"[49]。

面对工作场所内的隔离和孤独，若提议的解决方案仅着眼于个体，就注定是失败的，因为说到底孤独是一种社会的现象。无论是孤独，还是人有所属，都有传染性。范德维利、霍克利和卡乔波指出，"研究发现，一个人在每一周内有多少天是孤独的，会影响其朋友、邻居和配偶的孤独感"。[50] 在第二章中，我们曾讨论过情感传染在教学场景内的积极循环，那么现在，我们要指出，工作场所内的孤独也会构成一种每况愈下的漩涡："孤独不仅存在同一社会网络内人传人的现象，而且会减少社会网络内人与他人之间的关系节点。"[51]

某一研究项目关注教师的身心俱疲问题，其结论如下，"负面情绪看起来要比正面情绪更有传染性"[52]。多伦多大学的一项研究也发现，这种自动的情感传递，就其外显的方式而言，如同物理世界的寒意一般。一个人对室内温度的感觉，以及对热饮更多的需求，是同社会排斥的经验直接相关的：“孤独的体验，经常伴生环境温度降低的感觉”[53]。鉴于此，研究者也不禁感叹，许多有关心理寒意的比喻（比方说"冰冷的凝视"）源自于身体真切的体验。研究者最后给出结论，"控制我们所处的环境温度……可能是一种相对便宜且无干扰的方式，以此可以恢复群体的凝聚力，防止因人际摩擦所导致的伤害"。[54] 不过，院系的走道即便温暖如春，也依然可能是空空荡荡，想到这一点，也许我们可以把思维反转一下——对同事更温暖一些，我们就可以降低大学的暖气成本，减少我们的碳排放。

若我们相信，大学想要成功运转，高等教育的使命想要顺利达成，强有力的社会支持是不可或缺的，那么现在是时候做出改变了，我们应当改变我们认识同事关系的方式。在我们当下所处的为孤独所包围的环境中，强调同事关系的感情面向，很可能构成了更成功的干预。如何思考同事关系，弗兰克·马特拉提供了一种新的方法，而我们也相信，这是一种更有建设性的方法。马特拉指出，检视关于工作健康的现有研究，所聚焦的问题，要么就是雇员如何从认知上评估他们的工作特点，要么就是雇员如何管理他们自己的健康。但问题在于，这是一种"个人主义和理性主义的范式……它低估了人是一种关系性的存在，也排斥了感觉和情感的作用"。[55] 在这种研究模式中，情感是"理性的敌人"，对于组织生活而言，是一种威胁。然而，当人们被问及他们的工作时，通常而言，他们不会谈论自己实际上做了些什么，

"反而会讲述……他们所经历的感受，在他们和其他人的遭遇中"[56]。换言之，所谓工作的满意度，是存在于体验中的，而且要"在感情话语中才能得到阐发"[57]。

故此，我们必须认识到，健康"发生在主体之间，人与人之间，而不是作为一种个体的成绩"而存在。[58] 在现如今的大学里，这种新观念将如何改变我们处理同事关系议题的方法呢？首先，我们不应假定，既然走道已是空空荡荡，那也就意味着这一切都结束了。同事相处，应当被理解为"一种正在进行时的社会追求……而不是某种固定且终局的东西"[59]。诚如马特拉所言，同事之交，是面向未来的，是"自然发生且共同构建的"[60]，它指的不是一种"好的存在"（well-being），而是"越变越好"［well-be（com）ing］。[61] 我们眼下所要做的，并不是解决个别同事缺乏社交技巧的问题，而是要把工作场所看作是"一种聚拢的环境"或者"充满支持力的网络"[62]。马特拉研究了某 大型公立护养院的护理工作者，这项研究表明，"当个人之间的关系结成网络，这个整体性的网络就能导出团体层面的、系统性的过程，且无法还原分解至个体成员身上"[63]。 显然，在这里"网络"这个词是一种非常不同的用法：一种良性的"聚拢环境"，它能够包容其成员情感的起伏波动，既可以表达正能量的感受，也能表达出负面的情绪。写到这里，我们想到斯科霍尔特和特罗特-马西森的判断，吐槽并不是发牢骚。一支"运转良好的队伍"，要具备如下行动中的特征，包括

"提问并反馈建议，成员彼此间相互帮助，公平地分担工作任务，知晓每位队友的力量及其短板，相信每一位队友"[64]。这些相互支持的行为，就依存于马特拉所认定的"情感之维"（事实上也一刻不能分开）："彼此尊重，分担情感上的负担，相互鼓励，认识你的队员，认识他这个人，共同解决情感难题。"[65] 上述这些，同读书会及工作坊有着天壤之别。我们可以认为，一个有效的（也有爱的）"聚拢环境"需要很多的工作，就其量而言并不亚于团队教学，但从质上来说，却是一种不同类型的工作。

要创造出一个"聚拢的环境"，第一步就是要承认，工作场所内的孤独是真实的。这种承认本身就是一种需要勇气的行动，原因诚如富兰克林所言，孤独"'宁可不'说出它的名字"。[66] 不仅如此，一个人之所以孤独，究其原因并不是他缺少社会交往的能力；很多研究许诺要传授社交技巧，但在我们看来可谓南辕北辙。而说起当前这种一地鸡毛的分裂气候，也不应归咎于个体对其责任的放弃。第二步，我们还要承认，"人们占据着工作场所，这些工作者，他们的社会和情感需求，既有在工作以外的，也有在工作时间之内的"。[67] 在心中默念，在工作之外发现更治愈的活动，寄望于以此来缩减工作在我们生活中的角色，通过这种方式，我们不可能解决工作场所内的孤独问题；回避这个问题，可不是答案。若是考虑到工作时间在延长，同时传统意义上的社群在衰落，"工作社群的角色就越来越重了，它必须要满足人与人之间凝聚的这一基本人性需求"：

> 我们……需要工作社群，此处取社群一词的真
> 意——亦即，还要在感情层面和关系维度内承认我们。
> 然而，理性主义和官僚体制的理念统治着我们的工作生
> 活，这种理解忽略甚至是有意淡化社群的维度，目前仍
> 主导着我们关于组织生活的许多思考。[68]

公司化和重新男权化的大学，追逐极度理性和经济的目
标，因此拒绝上述的向内转向，否认社群中的情感责任。

也正是因此，那些实用当头的建议往往行不通，想一想
霍尔的操作，让我们把社群之构建添加到工作议程上来，或
者罗宾逊的高招，我们维持一个数据库，里面装载着能用上
的联系人，凡此种种，只会让院系的走道变得更凄冷。若是
同事交往被当作积极的人际网络搭建，反而会陷入某种危
险，人们不求志趣相投，只交酒肉朋友。然而，我们也务必
要认识到并且承认，工作场所的孤独会伤害我们的健康，干
扰我们的职业发展，使我们更脆弱，更容易心力交瘁。而反
过来说，工作环境若能提供支持，就能减轻我们的压力感，
即便是在最顽劣的公司化环境内，我们也不至于伤痕累累：
"社会性的支持是特别有意义的，它可以帮助人们去完成工
作上的各种要求，尤其是，这些要求即便通过组织结构或变
革也是不可轻易改动的。"[69] 但是，同事关系也不应成为重

负。打造出一种"聚拢的环境"，所必需的也不过是一种简单的承认，在我们的工作中，情感是一种非常重要的维度，它可以是在某一次会议上与一位同事产生分歧，也可以是发现一位学生存在学术诚信的违规。承认我们的工作责任会造成感情的冲击，这就构成了斯科霍尔特和特罗特-马西森所说的吐槽，而不是牢骚：前者可以产生相互的支持，后者却只会增加孤立无助的感觉。在公司化的氛围中，同事关系是值得培育的；正如谢莉·泰勒用数字所证明的那样，同事交往，甚至可能挽救我们的生命："社会支持对健康的影响，较之于医学上所公认的慢性疾病和死亡的诸多预测指标，是同样有效的，甚至是更强烈的。比方说，在预测心血管方面的健康结果时，社会支持要比血压、体脂、肥胖，以及身体运动更重要，同抽烟不相上下。"[70]

　　本章起初的版本并不包括操作性建议。首先，若是说一个人可以塑造她自己的教学和科研，那么很显然，社群不可能由一人独自创造出来。换言之，一定程度的自治，存在于教学和科研中，但在同事关系上却压根没这回事。其次，社群是不可触摸的，是永在流动中的，因此提供实用的方案就要困难得多。但是，既然本书的一位匿名审稿人曾对这一部分的缺失表示失望，我们在此便提供一些题目，以供共同反思。

　　如果你想要某件事变得了无生趣，那就立规矩，规定必须参加。同事之间的相处，是不可能交给立法的。工作坊或报告会那些事也时常让我们感到很疲惫，变成工作日程上要做的又一件事。

如果没机会吐槽，我们就会开始抱怨。当我们感受到支持时，身心经受的压力就会有所减缓。我们已经发现，彼此间的交谈可以帮助我们，使我们不至于被卷入向下沉沦的漩涡，不会深陷孤独、猜忌和身心俱疲。

以诚相待，卸下心防，没什么大不了的。"聚拢的环境"，就是彼此信任的环境：我们必须担当起因关系亲密所附随的各种风险，要懂得接受不那么完美，要学会承受并不总是名列前茅，要俯身下去，关心每一位同事的生活和健康。事情并非总是一帆风顺；你的坦诚也并非每一次都能得到对等的回报，但当我们彼此间以诚相待时，世界将会大不同。

"问问自己，什么是我们所怀念的。"诚如特克尔所言，"当我们问自己，什么是我们所'怀念'的，我们可能就会发现，什么是我们所在意的"。[71] 这个问题的答案是因人而异的。对于本书的一位作者来说，答案是总能和一位同事心意相通，在校园咖啡馆里发现"原来你也在这里"。而对于另一位作者而言，答案曾是走进系里的那一刻，知道会有人同她聊天（而现在，她已梦想成真）。

别放弃希望。院系文化是能够改变的，也是可以改变的。只要院系内还存在着互相支持的亚文化，就能据此创造出抵抗根据地的星星之火，拒绝公司化大学对我们的统治。

注 释

1. Tompkins, Jane. "The Way We Live Now." *Change* 24. 6 (1992): 19.

2. Skovholt, Thomas M., and Michelle Trotter - Mathison. *The Resilient Practitioner: Burnout Prevention and Self-Care Strategies for Counselors, Therapists, Teachers, and Health Professionals.* New York and London: Routledge, 2011. 166.

3. Ibid., 166.

4. Ibid., 182.

5. Ibid., 183.

6. Ibid., 182.

7. Cacioppo, John T., and Louise C. Hawkley. "Perceived Social Isolation and Cognition." *Trends in Cognitive Science* 13. 10 (2009): 450, 452.

8. Taylor, Shelley E. "Fostering a Supportive Environment at Work." *The Psychologist-Manager Journal* 11 (2008): 269.

9. Readings, Bill. *The University in Ruins.* Cambridge: Harvard University Press, 1996. 175.

10. Tompkins, Jane, and Gerald Graff. "Can We Talk?" *Professions: Conversations on the Future of Literary and Cultural Studies.* Ed. Donald E. Hall. Chicago: University of Illinois Press, 2001. 21.

11. Skovholt, Thomas M., and Michelle Trotter-Mathison. 184-5.

12. Schlosser, Eric. *Fast Food Nation: The Dark Side of the All -American Meal.* New York: Houghton Mifflin, 2001. 3-4.

13. Giroux, Henry A. "The Attack on Higher Education and the Necessity

of Critical Pedagogy. " *Critical Pedagogy in Uncertain Times: Hope and Possibilities*. Ed. Sheila L. Macrine. New York: Palgrave, 2009. 16.

14. Turkle, Sherry. *Alone Together: Why We Expect More from Technology and Less from Each Other*. New York: Basic Books, 2011. 154.

15. Ibid. , 155.

16. Ibid. , 155-6.

17. Ibid. , 14.

18. Ibid. , 161.

19. Franklin, Adrian S. "On Loneliness. " *Geografiska Annaler: Series B, Human Geography* 91. 4 (2009): 347.

20. Taylor, Shelley E. "Fostering a Supportive Environment at Work. " *The Psychologist-Manager Journal* 11 (2008): 265.

21. Turkle, Sherry. 2011. 187-9, 206.

22. Ibid. , 1.

23. Ibid. , 296.

24. Ibid. , 19.

25. Boice, Robert. *Advice for New Faculty Members: Nihil Nimus*. Needham Heights, MA: Allen & Bacon, 2000. 203.

26. Cipriano, Robert E. , and Jeffrey L. Buller. "Rating Faculty Collegiality. " *Change* 44. 2 (2012): 46.

27. Ibid. , 47.

28. Hutcheon, Linda. "Saving Collegiality. " *Profession* (2006) 63.

29. Jarvis, Donald K. *Junior Faculty Development: A Handbook*. New York: Modern Language Association, 1991. 110.

30. Ibid. , 112.

31. Ibid. , 116.

32. Ibid. , 114.

33. Hall, Donald E. *The Academic Community*: *A Manual for Change*. Columbus: Ohio State University Press, 2007. 96.

34. Ibid. , 82.

35. Ibid. , 69.

36. Ibid. , 86.

37. Tompkins, Jane, and Gerald Graff. " Can We Talk?" *Professions*: *Conversations on the Future of Literary and Cultural Studies*. Ed. Donald E. Hall. Chicago: University of Illinois Press, 2001. 29.

38. Robinson, Susan. *The Peak Performing Professor*: *A Practical Guide to Productivity and Happiness*. San Francisco: John Wiley and Sons, Jossey-Bass, 2013. 142.

39. Ibid. , 156.

40. Ibid. , 156.

41. Ibid. , 154.

42. Ibid. , 155.

43. Franklin, Adrian S. " On Loneliness. " *Geografiska Annaler*: *Series B*, *Human Geography* 91. 4 (2009) : 346.

44. Ibid. , 346.

45. Ibid. , 345.

46. Ibid. , 354.

47. Ibid. , 344.

48. Ibid. , 350.

49. Martela, Frank. " Sharing Well-Being in a Work Community: Explo-

ring Well-Being Generating Relational Systems. " *Emotions and the Organizational Fabric. Research on Emotion in Organizations* 10（2014）: 80.

50. VanderWeele, Tyler J. , Louise C. Hawkley, and John T. Cacioppo. "On the Reciprocal Association between Loneliness and Subjective Well - Being. " *American Journal of Epidemiology* 176. 9（2012）: 781.

51. Cacioppo, John T. , and Louise C. Hawkley. "Perceived Social Isolation and Cognition. " *Trends in Cognitive Science*13. 10（2009）: 452.

52. Bakker, Arnold B. , and Wilmar B. Schaufeli. "Burnout Contagion Processes among Teachers. " *Journal of Applied Social Psychology* 30. 11（2000）: 2291.

53. Zhong, Chen - Bo, and Geoffrey J. Leonardelli. "Cold and Lonely: Does Social Exclusion Literally Feel Cold?" *Psychological Science*19. 9（2008）: 839.

54. Ibid. , 841.

55. Martela, Frank. 10（2014）: 82.

56. Ibid. , 84.

57. Ibid. , 85.

58. Ibid. , 82.

59. Ibid. , 85.

60. Ibid. , 86.

61. Ibid. , 85.

62. Ibid. , 85, 97.

63. Ibid. , 86.

64. Ibid. , 97.

65. Ibid. , 97.

66. Franklin, Adrian S. "On Loneliness." *Geografiska Annaler: Series B, Human Geography* 91. 4 (2009): 343.

67. Wright, Sarah L. "Organizational Climate, Social Support and Loneliness in the Workplace." *The Effect of Affect in Organizational Settings. Research on Emotion in Organizations* 1 (2005): 140.

68. Martela, Frank. 10 (2014): 106.

69. Taylor, Shelley E. "Fostering a Supportive Environment at Work." *The Psychologist-Manager Journal* 11 (2008): 270.

70. Ibid. , 267.

71. Turkle, Sherry. 2011. 19.

结论
合作：在一起思考

很多时候，有一些挑战，当你自己试图独自完成时，它们看起来是如此高不可攀，但在获得鼓励和建议后，哪怕只有只言片语，也会显得更容易去征服。

——谢莉·泰勒[1]

聚精会神的对话可以带来灵感，它是一种受到普遍低估的创新源泉，很多新知识、新感受乃至新的冲动，都发端于此。

——乔森[2]

言及大学环境的变化对同事关系的破坏，简·汤普金森曾写道，"你总不可能在简历中写上‘一次愉快的对话’"。[3]虽然如我们在前一章中所探讨的，空无一人的院系走廊早已道出了真相，但《慢教授》这本书（可以确定，它会出现在我们的学术简历中），却是对话结出的果实。整本书的写作，源头活水是本书两位作者之间的交谈，关于我们学者生活的体验，我们聊过很多很多。也正因为这场对话从未中断，不仅在我俩之间持续，又继而扩展到其他同道，这本书才能得以完成。同他人的交流也让本书两位作者清楚地看到，在大学公司化的浪潮内，如何做一名学者，不独是我们，许多同道也在寻求有意义的交流和沟通。同时交流也让我们认清现实，公司化的大学正在积极地制造障碍，以阻挠我们进行这种交流。科林尼曾著有系列文章，讨论了"学术研究……在当前所遭到的误解"（这些文章，后来重印收入在《大学何为？》一书内），有次谈及这些文章，科林尼告诉我们，"在读了这些文章之后，大量的读者给我写信，言辞之间，心潮澎湃，且来信之多，超过了我此前全部写作的回应。而且，在他们的信中，所表达的不仅有支持，还有一种我只能称之为'欣喜'的情感——欣喜地看到，竟有人公开表达了他们内心深处的信念，而在它们各自所在的学术机构内，这样的信念却只能维持惨淡经营"。[4] 我们的经验也很类似，正是这种初心，激励我们将这本书写下去。写完它，尽管我们也知道，对抗机构文化潮流的逆行必定会带来令我们尴尬的代价。

在合写这本书的时候，两位作者还在自己的研究领域内投身各自的写书计划，对我们来说，那又是一种非常不同的经验。我们经常互诉心声，合作的经验让我们更快乐，更"放松"（在此借用"慢运动"的概念），想想我们此前所承担的任何项目，无一能及。甚至还不止如此，本书的两位作者都认为，若我们只靠单打独斗，也是无法完成这本书的。于是，我们开始反思，《慢教授》的写作与我们单人独著的写作之间有什么不同，这时，一些关键的线索就浮现出来了。而所有这些，看起来都得益于前一章所述的"聚拢的环境"[5]。将学术合作比作一种聚拢的环境，就会引发共鸣，呼唤关爱和保护。这表明，有些困难将不可避免地出现，因此我们要经受磨砺而信念不改。这也将产生希望，观念应当得到保护，加以培育，而不是被任意否定，丢在一旁；学术训练让我们往往善于否定，但传统的"严厉"观也需要被做出某种检讨。

我们都知道，写作可以说是很难的。总有一些挑战，不可避免，也无从躲避，困扰着我们每一个人：写作者的停滞、拖延、疑问、疲惫，以及自责。近年来，大学风气发生了诸多变化，既加码了对科研"产出"的期待，同时又加重了整体工作负担。这由此导致的结果是，面对着更紧迫也更具体的教学和行政要求，学者比从前任何时候都更难抽出空来。对于上述这些压力，本书作者显然也无法免除（我们的编辑可以证明，写这本书所花的时间超出了一开始的预期），但我们对这些压力的体验却完全不同于其他的写作项目，原 ⁸⁷因在于一个简单的事实：遇到压力时，我们可以彼此交流。有人听你说，也就意味着我们不用把这些感受憋在心中，或即便我们要暂时积压情绪，也不用等太久。合作缓冲了羞愧的能量。布林·布朗，一位研究羞愧感的权威学者，曾出版

《纽约时报》畅销书《不完美之美》（*The Gifts of Imperfection*）。在书中，她将羞愧定义为一种"极其痛苦的感受或者执念，认为我们是有缺陷的，因此我们不配得到爱，也注定找不到归属"。[6] 根据布朗的研究，没有人可以逃脱这种感受："我们每个人都有羞愧感……只有一类人，他们没有体验过羞愧，也就缺乏同情的能力，不懂得人性之互连。"而且，即便我们所有人都有过羞愧的感受，但"我们却都害怕去讨论羞愧"，于是"我们越不去讨论羞愧，它对我们的生活就有越多的掌控"。[7] 如要培养出"面对羞愧时的坚韧"（因为没有完全治愈的方案可言），布朗写道，我们就必须"识别出哪些信息和期待会触发羞愧"，"通过用现实去检验这些信息和期待，练习批判意识"，"打开心结，把［我们的］故事讲给［我们］信任的人来听"，以及"多说……并多用'羞愧'这个词"。[8] 虽说布朗的书并不是写给学术界的（不过她随后的一本书《勇敢做自己》，就提到大学文化存在着使人羞愧的基因），但我们不难借用一下她的定义，将它适用于学术界的具体语境。不妨跟我们念一下："所谓学术羞愧，就是那种极其痛苦的感受或者执念，认为我们不够聪明，或者没有能力，比不上我们的同事；认为我们的学问和教学都不够好，也比不上我们的同事；认为我们在某次会议或报告会上的评议不够精彩，还是比不上我们的同事。所以说，我们没有资格，不配加入卓越头脑的俱乐部。"但诚如雷蒂格对我们的提醒，羞愧是无助于写作的；事实上，写作者若不摆脱羞愧之感，甚至会无从动笔。[9]

　　我们很幸运，能体验到这种聚拢的环境，其根基，在于信任。本书的两位作者都受过告诫，能不合作就别合作，我们当然听说过许多关于合作的恐怖故事，从因工作风格不同而受挫，到心头生起的剥削感。事实上，有人甚至这样警告我们，正因为我们是至交好友，所以不要合作。我们的经验，已经否定了这一切。我们相信，《慢教授》的合作之所以能做到善始善终，正是因为两位作者彼此间的了解和信任，而这是我们经年累月的交往所形成的。在我们眼中，对方是一个完整的人，而不是在某个学术问题上的一种"位置"，或者是学术网络中的某位能用得上的"联系人"。这就意味着，我们对彼此都更有耐心，当生活琐事或工作压力导致对方延期交稿时，我们也有更真诚的同情理解。原来我们相互给予的理解和关爱能激发出我们最好的潜能，意识到这一点，也让我们在面对学生时能有更多的同情理解。我们不仅相互鼓励，激励对方保持写作的势头，而且彼此宽容，允许对方将工作和生活的平衡当作一种正当的目标。对于学者来说，这种平衡是尤其脆弱的，因为他们对自己的研究题目越是有信念和热爱，就越难在工作和生活之间画出一道分界线。而且，这意味着我们是真正在互相倾听。在《思考，快与慢》一书中，作者丹尼尔·卡尼曼评论了他和阿莫斯·特维尔斯基的合作："其中一大乐趣就是……在我的想法还模糊不清时，阿莫斯总是能看到其中的观点，他所发现的，比我当时想的还要清楚得多。"[10] 什么是真正的合作者？就是在恐惧和焦虑很可能抹杀某一观点时，他能挖掘出这一幼弱观点的潜能。能与这样的志同道合者合作，可谓天赐良缘——本书的两位作者也就是这样你帮我、我帮你，你来我往，完成了这本书。当一位作者认为某一观点或句子讲不通时，她可以如实告知另一位，但又不至于像同行评审那样经常把对方压垮。我们之间发自内心的信任和尊重，才使得意见交流的开诚布公得以可能：我们之所以彼此倾听，是为了去理解，而不是如学术训练所指示的，要去寻觅他人的缺陷。而理解对方，发现其力量所在，同样可以产生好的作品，并不是非得要吹毛求疵。

重读《慢教授》，我们发现即便在合写的章节中，也不乏某位作者独自完成的段落。虽然如此，我们做过的报告，以及这本书，却可以说是我们的（ours）。在这本书中，太多的部分（比如说引言），我们早已记不起也分不清哪里是谁的贡献；我们坐在一起，互相完善对方的句子。接下来还有很多内容（论述时间管理的那一章），最初的写作是由我们分头进行的，在各自完成自己负责的部分后，我们再一起进行修改。到了教学和科研那两章，我们各自认领一章，基本上是独立完成的。一方面，我们惊喜地发现，这两章之间可谓心意相通，但另一方面，我们还是发现，这两章是整本书中最难写的部分。我们甚至意识到，在各自独立写作自己的那一章时，我们会把对方变成我们"内心的恶魔"，[11] 或者陷入某种恐惧，搞不好出版社的审稿人就会挑出我单独写的这一章，将之作为整部书稿最弱的一环。当一位作者感叹她的这种感觉时，另一位则如释重负，脱口而出，"我也是这种感觉！"

　　基于本书写作的经验，我们在此建议，为了让学术合作可以更好地进行，合作应当发端于下，起始于学者之间的交流，而不应采用项目经费拨款的模式，由上至下地强行推动。如范汉奈尔所言，公司化的大学崇尚研究集群与合作，这是对"硅谷模式"的仿效，[12] 关键在于把专业知识汇聚在一起，以此加强在全球范围内的竞争力。若是转向学术合作，只是为了推进生产力，把科研过程变成一条流水线，那么这种合作很容易造成同事之间的怨恨：甭管有没有道理，参与合作的每位成员都会觉得自己做得"更多"，超过了团队里的其他人。让我们颇为感触的是，所谓合作，并不是要分切任务，以此"减少"工作。虽然这种情况也会发生，但长期看来，这并不是激励合作继续下去的初心。什么是合作？合作就是在一起思考。在合作发端于这种精神时，我们的合作就能去挑战高等教育的新自由主义模式，反思学术界的重新男权化。在《思考，快与慢》一书中，卡尼曼又一次谈到了他与朋友兼同事的合作，那情形在他笔下是如此美好，令人神往，"阿莫斯和我都感谢这段不平凡的好运，我们都知道，两个人的思考分享，超过了我们个人的头脑，而合作关系也让我们的工作既有成果结出，也随时欢声笑语"。[13] 这就是在一起思考——最美好的那种。

在一起思考的乐趣，对我们而言构成了一种保护，让我们免遭"快生活所导致的伤害"[14]。回头去看，我们意识到，写作《慢教授》这本书，也是将"慢原则"付诸实际的过程，而且我们也有所领悟，过程和结果总是不可分的。放宽视野，"慢哲学"应做何解？诚如佩特尼对我们的提醒，它与其说是"在缓慢和速度之间的——慢或快之间的对比……毋宁说，对比发生在用心和分心之间；事实上，所谓慢，与其说是一种时间持续的问题，不如说是一种能力，要能去区分，去评估，以及一种习性，要去培养愉悦、知识和品性"[15]。心神不定和碎片化，是当代学术生活的缩影；我们相信，慢的理想可以让我们找回共同体的感觉，重新发现学术的乐趣——"友谊以及力量的交汇"[16]——也正是这种感觉，支撑起学术界的政治抵抗。正如我们在本书开篇宣言内所憧憬的，慢教授总是有目标，并为之付诸行动，培育着情感和智识上的坚韧，抵抗高等教育公司化所带来的腐蚀。

注　释

1. Taylor, Shelley E. "Fostering a Supportive Environment at Work. " *The Psychologist-Manager Journal* 11（2008）: 269.

2. Jönsson, Bodil. *Unwinding the Clock: Ten Thoughts on Our Relationship to Time.* Trans. Tiina Nunnally. San Diego: Harcourt, 2001. 52.

3. Tompkins, Jane, and Gerald Graff. "Can We Talk?" *Professions: Conversations on the Future of Literary and Cultural Studies*. Ed. Donald E. Hall. Chicago: University of Illinois Press, 2001. 21.

4. Collini, Stefan. *English Pasts: Essays in Culture and History*. Oxford: Oxford University Press, 1999. 233.

5. Martela, Frank. "Sharing Well-Being in a Work Community: Exploring Well-Being Generating Relational Systems." *Emotions and the Organizational Fabric. Research on Emotion in Organizations* 10 (2014): 85.

6. Brown, Brené. *The Gifts of Imperfection: Let Go of Who You Think You're Supposed to Be and Embrace Who You Are*. Center City: Hazelden, 2010. 39.

7. Ibid., 38.

8. Ibid., 40.

9. Rettig, Hillary. *The Seven Secrets of the Prolific: The Definitive Guide to Overcoming Procrastination, Perfectionism, and Writer's Block*. 2011. 5-6.

10. Kahneman, Daniel. *Thinking, Fast and Slow*. Toronto: Anchor Canada, 2013. 6.

11. Rettig, Hillary. 2011. 21.

12. Fanghanel, Joëlle. *Being an Academic*. London: York: Routledge, 2012. 88.

13. Kahneman, Daniel. 2013. 10.

14. Petrini, Carlo. *Slow Food Nation: Why Our Food Should Be Good, Clean, and Fair*. Trans. Clara Furlan and Jonathan Hunt. New York: Rizzoli ex libris, 2007. 182.

15. Ibid., 183.

16. Ibid., 183.

致谢

玛吉·伯格和芭芭拉·西伯要共同感谢如下人士：

Brittany Lavery，她此前曾任多伦多大学出版社的策划编辑，在本书启动之初，她付出了热情的努力。

Douglas Hildebrand，我们现在的编辑，他热情耐心，伴随我们走过了复杂的出版过程。执行编辑 Lisa Jemison，文字编辑 Catherine Plear，没有她们，这本书不可能顺利出版。

匿名评审人，他们给出了精彩的评阅意见。

我们曾在布鲁克大学、女王大学、圣玛丽大学、蒙特埃利森大学的工作坊上，在高等教育教与学协会（STLHE）和教与学国际学会（ISSOTL）的研讨会上，就此书做过报告，感谢这些活动的参与者。他们的回应和鼓励让我们有了继续写下去的动力。

本书引言的一个初稿版本，曾以"慢教授：挑战学界的速度文化"为题，发表于《转变性的对话：教与学杂志》[*Transformative Dialogue*：*Teaching and Learning Journal* 6.3（2013）]。我们感谢该刊编辑授权我们在此重印。

以下是玛吉·伯格的致谢：

首先，我要感谢芭芭拉，为了她的智慧、幽默、诚实、耐心以及不平凡的友谊；没有她，我既不会写作这本书，也不可能完成这本书。

我还要感谢女王大学教与学讲席在过去三年的慷慨支持，以及女王大学主管研究的副校长办公室对本书出版的贡献。

感谢女王大学教与学中心的每一位老师，他们是 Sue Fostaty-Young，Andy Leger，Joy Mighty（前任主任），Denise Stockley，Susan Wilcox；在此要特别感谢 Sandra Murray。

还要感谢 Karen Donnelly，Ellen Hawman，Brenda Reed，Lally Grauer（希望这一次我把名字拼对了），Cathy Harland，感谢长存的友谊以及那些精彩的对话；Shelley King，感谢你不知疲倦的支持以及堪称典范的同事之谊；Chuck Molson，感谢你那些卓越的工作；Christine Overall，感谢你的宝贵建议；Marta Straznicky，感谢你的鼓励，以及那些让我找回同事感觉的同事们；特别要感谢 Brooke Cameron，Gwynn Dujardin，Petra Fachinger，Fred Lock，Heather MacFarlane，John Pierce。

感谢我的学生们，是你们在提醒我，为什么这一切都如此重要。

感谢送给：我在英国的家人，为了那些美妙的晚餐、欢笑声，以及海滩度假屋；Scott Wallis，你总是在倾听，总是知道什么是要说的，以及总是在洗碗；Rebecca Barrett-Wallis，你是我能想到的最可爱的人了。

以下是芭芭拉·西伯的致谢：

首先，我非常感激我的朋友玛吉，为了她的诚实、见识、大度、体贴，以及令人叹服的幽默感。无论是一个人写作这本书，还是同其他人合写，都是我所不能想象的。

感谢布鲁克大学及其人文研究所、教学创新中心，它们提供了慷慨的支持。

我还要感谢这些年来所教过的学生，是他们让我不忘初心，时刻记得我当年是为了什么想要成为一名教授。

我还要感谢我在布鲁克大学的同事们，特别是 Robert Alexander，Lynn Arner，Leslie Boldt，Tim Conley，Keri Cronin，Neta Gordon，Jill Grose，Ann Howey，Barry Joe，Leah Knight，Martin Danahay，Tanya Rohrmoser，Janet Sackfie，Elizabeth Sauer，Joan Wiley，感谢你们对这本书的兴趣。你们中间有些人给我发来文章，因此这本书才会变得更好。谢谢你们。Dennis Denisoff（瑞尔森大学），Peter Sabor（麦吉尔大学）和 Wendy Shilton（爱德华王子岛大学）也是最好的同事，唯一的遗憾是你们无法如我所愿可以近在咫尺。

谢谢你，Morgan Holmes，感谢你多年来从未间断的友谊以及多年前舞池内的舞姿，还要感谢你向我推荐了 Carl Honoré 的《为慢而歌》。

感谢 Frida 和 Georgie，你们从未间断地提醒我，在学术之外，还有生活。

索引

(页码为本书边码)

Barcan, Ruth, 鲁斯·巴肯, 34

Barry, Jim, 吉姆·巴里, 10

Barsade, Sigal, 西加尔·巴塞德, 39, 43

Bauman, Zygmunt, 齐格蒙特·鲍曼, 75-6, 79-80

Beard, Colin, 科林·比尔德, 39, 45

Blackie, Margaret, 玛格丽特·布莱基, 33, 46

body language, 身体语言, 42-4

Boice, Robert, 罗伯特·博伊斯, 21, 46-7, 76

Brabazon, Tara, 塔拉·布拉巴宗, 51

Breathing and mindfulness, 呼吸和注意力, 43-4

Brennan, Teresa, 特蕾莎·布伦南, 38-9, 43

Brooks, David, 戴维·布鲁克斯, 35

Brown, Brené, 布林·布朗, 87

Burrell, Amanda, 阿曼达·伯勒尔, 34, 42-3

Byatt, A.S., A.S. 拜厄特, 4

Cacioppo, John T., 约翰·卡乔波, 80

Caine, Renate and Geoffrey, 雷奈特·凯恩和杰弗里·凯恩, 35-6

Canadian Foundation for Innovation, 加拿大创新基金会, 53-4

Canadian Research Chairs, 加拿大科研首席项目, 54

CAUT（Canadian Association of University Teachers）survey on stress, 加拿大大学教师协会关于压力的调查, 2, 4, 6, 8

Cellphones, 手机, 50, 75-6. *See also* digital communications

Chandler, John, 约翰·钱德勒, 10

Chatfield, Tom, 汤姆·查特菲尔德, 29, 30-1

Cheah, Shaun, 肖恩·查尔, 42-3

Clark, Heather, 希瑟·克拉克, 10

classroom teaching, 教室内的教学, *See* pedagogy

Coe, Michael, 迈克尔·科, 34, 42-3

Coleman, Daniel, 丹尼尔·科尔曼, 53-6

collaboration, 合作：in research clusters, 在科研集群中的, 89, in writing this book, 在写作本书中的, viii-ix, 1-2, 15, 85-9. *See also* collegiality

collegiality and the corporatized university, 同事关系和公司化的大学：about, 关于, 14-15, 72-3; academic conferences, 学术研讨会, 74; chilling effect of aloofness, 高冷和心生寒意, 76; culture of busyness, 展示忙碌的文化, 21, 72-3, 76; emotional dimensions of，的情感维度，81，83；fear of criticism in，对批评的恐惧，78-9；homogeneity in，同质性，74，76-7；instrumentalism，工具主义，72，79；language of，的话语，79；as live virtual networking，作为虚拟的人际网络搭建，79-80，83；loneliness and isolation，孤独和隔离，72-5，80-3；stress，压力，72；and technology，和技术，74-6

collegiality and Slow professors，同事关系和慢教授：about，关于，14-15，81-4；belonging，归属感，39，80；contagion of emotions，情感的传染，80-1；difficulties in strategies for，策略的难题，76-8，84；and digital communications，与数字交流，75-6；emotional dimensions of，的情感维度，39-40，80-4；"holding environments，""聚拢的环境"，10，15，82-4，86，87-8；hopefulness，希望，84；and individual agency，与个人行动力，78，84；optional events，可选择的活动，84；professional development，职业发展，77-8，83；and resistance，与抵抗，10，84；self-care，关爱自己，71-2；"shame resilience，""面对羞愧的坚韧，"87；strategies，策略，84；venting or whi-

ning，吐槽或者抱怨，73，82，83，84

Collini，Stefan，斯蒂芬·科林尼，viii，5，8-9，11，13-14，31，48，55-7，59，64，65-8，85-6

conferences，academic，学术研讨会，74

consumerism，消费主义：and collegiality，与同事关系，80；students as consumers，学生作为消费者，6，7，9

Conti，Regina，雷吉娜·康蒂，50

contract positions，合同聘用的职位，73-4

corporatization of the university，大学的公司化：about，关于，x，3-4，8-9，13；accountability，问责，5，8；clerical tasks，文书任务，3，18；continuous improvement goals，停不下来的进步目标，8-9；contract positions，合同聘用的职位，3，8，73-4；courses as commodities，课程作为商品，47-8；and democracy，与民主，32，62-3；emotional dimensions of，的情感维度，81，83；funding，经费，8，53-4，69-70；homogeneity，同质性，34，51，74；humanities，vulnerability of，人文学科的脆弱，12-13，55-6，63，68；and ideology，与意识形态，63；instrumentalism，工具主义，13，

25, 53, 59-60, 62-3, 72, 79; language of, 的话语, x, 9-11, 48, 56, 63-4; live *vs.* online classes, 现场课程或者在线课程, 13-14, 34-5, 38-40; major studies on, 有关的主要研究, 12; managerialism, 管理主义, x, 4-5, 9-10, 25-6, 53-4, 63-4; neglect of undergraduates, 对本科生的忽略, 56; patriarchal value, 父权制的价值, 12, 63; and pleasure, 和愉悦, 34; standardization and measurement, 标准化和评估, 8, 51, 72; students as consumers, 学生作为消费者, 6, 7, 9; and time poverty, 与时间匮乏, x, 8-9, 18-19, 23, 25. *See also* collegiality; research; technology; time

Côté, James E., 詹姆斯·科特, 9, 10-11, 12

Cotrell, Howard, 霍华德·科特雷尔, 44

Craig, Geoffrey, 杰弗里·克雷格, 11, 59-60

Crenshaw, Dave, 戴夫·克鲁萧, 21

Crozier, Dan, 丹·克罗齐, 43, 49

Csikszentmihalyi, Mihaly, 米哈利·乔赞米哈伊, 26-7, 28

Cuddy, Amy, 艾米·卡迪, 43

Damasio, Antonio, 安东尼奥·达马西奥, 35

Danson, Larry, 拉里·丹森, 41

Deci, Edward, 爱德华·德西, 51

democracy and corporatization, 民主与公司化, 32, 62-3

Deresiewicz, William, 威廉·德雷谢维奇, 3, 5

digital communications, 数字交流: academic conferences, 学术研讨会, 74; classroom manners, 课堂举止, 50; collegiality and virtual networking, 同事关系和虚拟网络, 79-80; impact on collegiality, 对同事关系的冲击, 74-6; virtual networking, 虚拟的网络搭建, 83. *See also* technology

Donoghue, Frank, 弗兰克·多诺霍, 5, 8, 9

Dossey, Larry, 拉里·多西, 53

email, 电子邮件, 75

emotional and affective dimensions, 情感和感情的维度: about, 关于, 14, 38-40; affect, emotion, and thought, 感情、情感和思考, 38-9; anxiety and negativity bias, 焦虑和负面性偏见, 40; belonging, 归属, 39, 80; body language, 身体语言, 43; collegiality, 同事关系, 80-4; contagion of, 的传染, 80; emotional intelli-

22; "inner bully," "内心的恶魔", 31, 65, 89; perfectionist comparisons, 完美主义者的比较, 22; self-blame and corporatization, 自我责备和公司化, 13; shame, 羞愧, 65, 87; and stereotypes of professors, 和教授的旧形象, 2-3, 31; stress and high self-expectations, 压力和过高的自我期许, 7-8. *See also* emotional and affective dimensions

Hall, Donald E., 唐纳德·霍尔, 20, 22, 24, 68, 77-8, 83

Hallowell, Edward, 爱德华·哈洛韦尔, 21

Hanson, Rick, 里克·汉森, 40

Harmgardt, Julie, 朱莉·哈姆加德特, 21

Hassan, Robert, 罗伯特·哈桑, 62

Hawkley, Louise C., 路易丝·霍克利, 80

health and well-being, 健康和安宁: and collegiality, 与同事关系, 81-2; culture of speed and self-harm, 速度文化和自我伤害, 58; emotional dimensions of, 的情感维度, 81; as "ethical imperative," 作为"伦理命令", 71; mental health issues, 心理健康问题, viii, 6-7; resilience, 坚韧, 36, 87; self-care, 关爱自我,

71-3; and social support, 与社会支持, 72-3, 84; and stress, 与压力, 2, 4; and student learning, 与学生学习, 6. *See also* collegiality; emotional and affective dimensions; stress; work-life balance

Heiberger, Mary Morris, 玛丽·莫里斯·海伯格, 17

helping professions, 服务性的行业, 71, 73

Hills, Philip, 菲利普·希尔斯, 16, 23

"holding environments" of mutual support, 相互支持的"聚拢环境", 10, 15, 82-4, 86, 87-8. *See also* collegiality and Slow professors

Honoré, Carl, 卡尔·霍诺里, 1

humanities, 人文学科: research as understanding, 研究作为理解, 55-6, 68; research funding, 研究经费, 53-4, 69-70; vulnerability of, 的脆弱, 12-13, 63

humour, 幽默, 44-5, 48

Huston, Therese, 特蕾莎·休斯顿, 50

Hutcheon, Linda, 琳达·哈钦, 77

individualism, 个人主义, 2, 13, 38, 80

"inner bully," "内心的恶魔", 31, 65, 89

culture of speed, 科研和速度文化, 58; and Slow Professor Manifesto, 与《慢教授宣言》, ix-x; studies on, 12; time as major stressor, 时间作为主要的压力来源, 7-8, 16-17, 30, *See also* emotional and affective dimensions; health and well-being; time; work-life balance

students, graduate, 研究生: as consumers, 作为消费者, 6, 7, 9; culture of speed, 速度文化, 65, 68-9; impact of faculty stress on, 教员压力的影响, 6-7, 40, 58-9; multitasking, 多任务处理, 21-2; professors' use of, 被教授使用, 18-19; self-care, 关爱自我, 71-2; and stress, 和压力, 73; student interests, 学生兴趣, 50-1, 68-9; technology and collegiality, 技术和同事关系, 74, *See also* pedagogy

students, undergraduate, 本科生: and belonging, 与归属, 39; classroom manners, 教室内的规矩, 49-50; as consumer, 作为消费者, 6, 7, 9; digitalization and "shallowing" of research, 数字化和研究的"浅薄", 66-7; impact of faculty stress on, 教员压力的影响, 6-7, 40, 58-9; intrinsic motivation, 内在激励, 51; neglect

of, 被忽视, 56; pleasure in challenging work, 在进行挑战性工作时的愉悦, 39; standardized learning, 标准化学习, 8; and stress, 和压力, 6, 73; student interests, 学生兴趣, 50-1, *See also* pedagogy

supportive environments, 支持环境, 10, 15, 82-4, *See also* collegiality and Slow professors

Szelényi, Katalin, 特琳·塞勒尼, 12

Taylor, Mark C., 马克·泰勒, 8

Taylor, Shelley E., 谢莉·泰勒, 72, 75, 83, 84, 85

teaching, 教学, *See* pedagogy

technology, 技术: and academic conferences, 与学术研讨会, 74; adverse effect on collegiality, 对同事关系的破坏作用, 74-5; classroom manners for using, 相关的课堂规矩, 49-50; collegiality and virtual networking, 同事关系和虚拟网络, 79-80; digital communications, 数字交流, 50, 75-6, 79-80, 83-4; distance and blended learning, 远程和零碎集成学习, 38; emotional dimensions of, 的情感维度, 14, 34, 38-9; and fragmentation, 和碎片化, 29; and individualism, 和个人主义,

译后记

最早知道《慢教授》，要感谢甘阳老师的推荐。他在微信上发给我这本书的封面，白色的封面上挂着一个大大的"Slow"，下面画着一只爬行中的红色蜗牛。我刚刚查了一下微信的记录，当时是在2018年的12月。

在出版社朋友的推动下，我们很快从外方的多伦多大学出版社拿到这本书的样稿，读完后，我决定翻译这本书。版权问题很快得到解决，于是我把这本书的翻译安排在即将到来的暑假。看着这本正文不过100页的小书，我当时的想法是，那就一鼓作气，以最快的速度翻译完，这样就可以在年底见到《慢教授》的中文版。

但事实证明我过于乐观了，两个月的暑假似乎一晃而过，真正开始动手翻译，已经拖到了8月中旬。还有一件事也始料未及，也许是因为第一次翻译出自文学教授的作品，很多文字让我觉得不那么好把握，句子结构也很难处理，不知不觉间，速度也就慢了下来。2019年的秋季学期，我获得了一次非常宝贵的机会，到北京大学人文社会科学研究院访问，于是我把这本书的翻译也带到了北大的静园二院，在入驻206办公室的第一个月，我都在突击这本书的翻译，完成第一遍的初稿时，已经到了北京的秋天，大街小巷都唱着《我和我的祖国》。初稿完成后，我决定冷却一段时间，全身心投入在文研院的驻访生活。再一次拿出译稿来改，已是离开文研院之后，新冠肺炎疫情的隔离期间，我用整整一个月的时间，完成了译稿的修改定稿，把文件打包发给出版社，已经是2020年的3月底。

同我之前翻译的书不一样，本书的两位作者，不是什么大牌学者，谈不上某领域内的学术权威，从她们的学术简历中，我判断她们是更乐于在教学中奉献的老师，而不是写作机器或发表高手。往常的翻译经验是，我在翻译某某某的一本书，作者的名气说起来就很有气派，如雷贯耳的那种，而翻译《慢教授》，我是到了最后准备"作者简介"的文件时，才分清楚两位作者执教的大学。李连江教授在《不发表就出局》一书中曾打过一个比方，学术界真有天才，而天才爬山不同于我们常人，"他一步就跨过去了"，而常人却不同，他们经常会焦虑，有时也难免绝望，体会过状态的高低起伏。从前翻译学术大家的经典著作时，我经常感到的是佩服，有些地方让你不服都不行，作为译者，我是在仰望天才的跨越；而翻译《慢教授》，我却在不断地被打动，有些段落翻译时就觉得心灵受到了治愈，翻译出来就忍不住同二三好友分享，算是一种有益身心的日常吐槽。作为译者，我也能体会并分享着作者的喜怒哀乐。还要特别感谢两位作者，伯格教授和西伯教授，本书校对的最后阶段，书中还有三四处我总是不得其解的文字问题，我发电邮向她们求教，很快便收到她们的回复。

《慢教授》中译本的出版，我希望能赶在今年的下半年。学术工作有它的时节，春生夏长秋收冬藏，一本书也要讲求出版时机。在此意义上，打开《慢教授》的最好时间，对于我们学者来说，是要在年末的。也就是说，只有当我们各种填表，各项申报，忙得一点时间都没有，这本书才能发挥它最大的功效。如作者所言，我们只有知道自己怀念什么，才能知道我们在意什么。

田　雷
2020 年 3 月 31 日

感谢广西师范大学出版社的刘隆进老师，在这个出版要经受重重挑战的时代，同他的合作一直是非常愉快的事情，我知道，那是因为他承担了困难的那部分，不只在这本小书上，还有我们正在以及将要合作的出版计划。感谢我的老朋友刘海光老师、张阳老师，他们为本书的出版付出了很多辛劳，是这本书的幕后英雄。感谢尚未谋面的王佳睿老师，他负责了这本书在出版社的"接生"工作。还要感谢"及格家"周安迪先生，他为本书所做的设计不只是及格那么简单。

　　特别感谢邓小南教授、李连江教授、应星教授、项飙教授，他们都是我景仰的学者，以不同的方式向我示范了学者的气度和风范。榜样的力量是无穷的，翻译本书于我而言只是微小的工作，而本书能得到他们的推荐，却是对我莫大的鼓励。

　　慢以致远。

田　雷
补记于 2020 年 10 月 9 日